Inteligencia emocional para el liderazgo

Inteligencia emocional para el liderazgo

"Somos el resultado de nuestros pensamientos dominantes, por tanto, el éxito son solo hábitos".

Juan Carlos Zúñiga Montalvo

Para realizar pedidos de este libro, contacte con:
Palibrio
1663 Liberty Drive
Suite 200
Bloomington, IN 47403
Gratis desde EE. UU. al 877.407.5847
Gratis desde México al 01.800.288.2243
Gratis desde España al 900.866.949
Desde otro país al +1.812.671.9757
Fax: 01.812.355.1576
ventas@palibrio.com
706057

ÍNDICE

AGRADECIMIENTOS

Nunca tuve la oportunidad de agradecer en forma pública a dios y a su hijo por darme la oportunidad de expresar mis sentimientos a través de un libro; muchas gracias a Pahola por la enorme alegría de pertenecer a su tribu y poder contribuir a su grandeza y extraordinaria felicidad, sin ti estoy perdido y no puedo ser mejor que ayer.

A todos mis amigos que de alguna forma, todos y cada uno han contribuido para motivarme a ser mejor persona cada día y esforzarme a lograr todo lo que me proponga.

Y finalmente al par de grandes bendiciones que son el motor para esforzarme en ser mejor hombre, mejor padre, mejor esposo, mejor maestro, mejor amigo, mejor ser humano, pero sobre todo en realizar mi objetivo principal en la vida, que es ayudar a todas las personas a realizar sus sueños más ambiciosos.

INTRODUCCIÓN

EL CONCEPTO

En la actualidad el concepto de liderazgo es uno de los temas que presenta un gran desarrollo en la literatura, en la parte laboral y sobre todo, en la sociedad como una necesidad a las exigencias de gobernantes que distan de un liderazgo transformador; hoy en día podemos encontrar en la literatura una gran cantidad de información, desde la perspectiva de muchos famosos líderes, hasta el perfil de habilidades que desarrollar para lograr el control sobre la influencia positiva con la gente, el liderazgo como una herramienta para mejorar el desempeño de la gente, sobresale desde el inicio de la revolución industrial, sin embargo, el concepto se generaliza en la industria y en la sociedad para principios del siglo XX, utilizándose para incrementar y hacer más eficientes los procesos de producción y servicios ante la creciente competencia de los mercados locales y nacionales, el enfoque principal se desarrollaba alrededor de una o varias personas con una visión a futuro más allá de los hechos que la mayoría de la gente veía. Para mediados del siglo XX, el liderazgo se empieza a enfocar en el desarrollo de ciertas habilidades que todos debemos potenciar como una necesidad para ser mejores como empresarios, como directivos, como padres, como hijos, como maestros, como empleados, como terapeutas, etc.

Pero el tema que abordaremos en este libro no es solo el liderazgo y sus habilidades que podemos desarrollar, sino, la base de un verdadero liderazgo transformador que se basa en la inteligencia emocional y las actitudes que debemos fortalecer.

El primer uso del término inteligencia emocional generalmente es atribuido a Wayne Payne, citado en su tesis doctoral, un estudio de las emociones: el desarrollo de la inteligencia emocional (1985). Sin embargo, esta expresión ya había aparecido antes en textos de Beldoch (1964), y Leuner (1966). Stanley Greenspan también propuso un modelo de inteligencia emocional en 1989, al igual que Peter Salovey y John D. Mayer. Sin embargo, el concepto que hoy en día tiene mayor aceptación es del psicólogo Daniel Goleman, que lanza en 1995 el libro inteligencia emocional; el éxito de ventas del libro de Goleman aumentó la difusión popular del término inteligencia emocional hasta límites insospechados, haciéndose muy popular en forma de artículos en periódicos y revistas, tiras cómicas, programas educativos, cursos de formación para empresas, juguetes, o resúmenes divulgativos de los propios libros de Goleman.

Si bien, el concepto de liderazgo y el concepto de inteligencia emocional, son temas abordados y aplicados en adultos, adolescentes y niños dentro de sus etapas que les corresponde, no hay con claridad textos, documentos o literatura para la comunidad de habla hispana que se refiera a las formas de incrementar la inteligencia emocional para el desarrollo de un liderazgo transformador.

Aún cuando se menciona el concepto de inteligencia emocional como parte fundamental del liderazgo, no se presenta un perfil emocional para el líder del siglo XXI y los retos que conllevan, inclusive, no hay mecanismos, métodos o ejercicios que desarrollen la inteligencia emocional enfocada a potencializar las habilidades de un líder transformacional que requiere la sociedad actual. Es fundamental, la definición de un perfil emocional (conjunto de emociones y sentimientos que debemos acrecentar y evitar) para desarrollar, incrementar y potencializar las habilidades del perfil del líder transformador del siglo XXI.

La definición del perfil emocional y sus mecanismos y/o ejercicios para desarrollar una inteligencia emocional enfocada a potencializar las habilidades del líder transformacional es el tema central de este libro, con lo que esperamos que pongas en práctica día a día y empieces a reconocer los cambios que suceden en tu interior y mejor aún, el cambio radical en la perspectiva que tenías en temas como la persona (la gente) y su influencia positiva, el logro de lo que te propongas, habilidades que posiblemente jamás hayas visto en ti y ahora las sientes como una fortaleza, y mejor aún, el incremento de tu autoestima y seguridad para alcanzar lo que te hace feliz y satisfecho. **Esto no solo será un viaje a la reflexión de ti mismo y tus habilidades, sino, un viaje a tu transformación hacia un futuro mejor en todos los aspectos (Familia, individuo, trabajo, económico y financiera, espiritual, etc.), un futuro en el que veamos certidumbre y predictibilidad, fortaleza para ayudar y desarrollar a otros líderes potenciales que ayuden a toda la gente a lograr sus sueños más ambiciosos, pero sobre todo, sentirás el cambio en tu "forma de ser", que modificará tus pensamientos y por tanto, cambiará tu Zona de Confort para siempre y te mantendrás modificándola a tu entera voluntad;** todo lo anterior, basado simplemente en el desarrollo de las emociones y sentimientos que debemos acrecentar y evitar.

El liderazgo con inteligencia emocional o como lo llamaremos de ahora en adelante, el liderazgo transformacional tiene aplicabilidad en todos los aspectos de la vida, como familiar, individual , laboral, económico, financiero, espiritual, etc., pero sobre todo, hoy en día tiene el mayor impacto, sin demeritar algún otro aspecto, en la vida laboral o empresarial, ya que en éste punto, el liderazgo transformacional, es en donde se observa la mayor influencia positiva con las personas, así como, los resultados se reflejan con mayor visibilidad, impactando sobre una organización o empresa, ayudándola a llegar a horizontes más allá de su visión a largo plazo. Pero, es de gran importancia entender que, la formación, el desarrollo y la mejora del liderazgo transformacional inicia en uno mismo, es decir, tú mismo tienes que transformarte en el líder emocional a través de ejercicios individuales enfocados a incrementar tu inteligencia emocional y tus habilidades de liderazgo, creando al líder transformacional que se requiere en todos los aspectos de tu vida.

En el capítulo 1 revisaremos el concepto de inteligencia emocional y sus aspectos generales, como es la gestión, el coeficiente y balance emocional de las personas. En el capítulo 2 revisaremos el concepto de liderazgo, definiendo un perfil de habilidades en base a los requerimientos de una serie de líderes del SXXI. En el capítulo 3 y 4 describiremos la necesidad de transformarse en un líder con inteligencia emocional enfocado a transformar a otros en líderes, así como definimos su perfil emocional, las actitudes que se deben adoptar, pero sobre todo, la gran importancia de hacer crecer la inteligencia emocional para desarrollar habilidades de líder y crear así, al líder transformacional requerido para el Siglo XXI. Por último, en el capítulo 5, describimos una serie de ejercicios individuales que te servirán para desarrollar tu inteligencia emocional y liderazgo en base al perfil del líder transformacional, los ejercicios tú los llevas a cabo y los resultados los aplicas en el empleo, la familia, los negocios, la sociedad, etc. En resumen, el libro describe el desarrollo de la inteligencia emocional para el liderazgo y convertirte en el líder transformacional, pero tu camino a la transformación del líder emocional inicia y termina en ti mismo, tú eres el único responsable y comprometido de ello, y llevar a cabo los ejercicios individuales, es la mejor forma de transformarte, ya que aquí es donde empieza y termina el liderazgo transformacional.

La investigación realizada a nivel mundial por "The Consortium for Research on Emotional Intelligence in Organizations", arrojó un resultado sorprendente y vinculado a nuestro **Cociente de Éxito:** el mismo se debe un 23% a nuestras capacidades intelectuales, y un 77% a nuestras aptitudes emocionales.

INTELIGENCIA EMOCIONAL

LA HISTORIA

Hace un poco más de 32 años, conocí a un muchacho llamado Henry, en ese tiempo, su único objetivo era divertirse, pasarla con los amigos, escuchar música de rock, jugar al basquetbol y muchas más cosas que distaban de estudiar, hacer las tareas en casa o simplemente de comportarse como quisiera un maestro o inclusive su madre. Para la época, él era un niño problemático, sin rumbo, sin aprobar las asignaturas de la escuela, sin futuro promisorio, inclusive, la sociedad lo podría ver como una persona de "mala influencia", ya que su comportamiento no correspondía a las reglas que un adolescente debía seguir. Mi estimado amigo jamás tuvo una vocación para el estudio, recuerdo que cada año Henry tenía que presentarse a exámenes extraordinarios del 90% de las asignaturas, jamás estudiaba y se la pasaba en problemas escolares castigado junto a la oficina del director, en nuestro último año Henry tuvo que quedarse a repetir de nueva cuenta el grado escolar, posterior a ello, estudió 2 años más para jamás tener una carrera universitaria. Su futuro parecía nublado, borroso y sin un rumbo fijo, desde los 16 años trabajo como ayudante de plomero, vivió en las calles y solo se sostenía del poco dinero que ganaba, para entonces, eso fue lo último que supe de mi gran amigo.

Un poco más de 6 años después, yo con mi título universitario y trabajando ya dentro de una empresa familiar, empezaba a ganar dinero, fruto de 5 años de mi carrera universitaria, él en cambio, había empezado un negocio de las cenizas, herencia de su abuela, parecía que solo estaba utilizando la casa de la octogenaria señora para refugiarse en un techo que jamás podría tener. Mi asombro por el estilo y calidad de vida que llevaba mi entrañable amigo después de verlo sin rumbo y con un futuro poco promisorio fue superado por mi expectativa formada años atrás. En esos momentos trabajaba para levantar su negocio, abandonado por años por parte de su abuela, y para mi sorpresa estaba estudiando música, aprendiendo el oficio de músico con la guitarra eléctrica, quién pudiera pensar que el muchacho que conocí hace varios años en la adolescencia y que su único objetivo era dedicarse a hacer las cosas que más le gustaban, ahora después de 6 años de no verlo, seguía dedicándose a las cosas que más le gustaban. En la actualidad sigue siendo mi gran amigo que compartimos más de 32 años de una historia entrañable, él sin una educación universitaria y ninguna vocación para el estudio, tiene un negocio muy próspero, exitoso, responsable, honrado, muy trabajador y sabe perfectamente lo que quiere de la vida, lo que puede esperar de las personas, pero lo mejor de él es que ha logrado lo que se ha propuesto, lo que no tiene, no lo quiere; en el pasado se ha visto involucrado en problemas familiares, personales y laborales saliendo en su mayoría de las veces avante y más fortalecido, es por ello que hoy es un hombre de 45 años que jamás sabe lo que es rendirse o mejor aún es el hombre que no sabía que fallar es parte de la naturaleza del ser humano, para Henry, fallar es una simple etapa en el camino de lo que él quiere. "Para mi será el gato que lanzas hacia arriba y siempre cae parado en 4 patas".

Te has preguntado alguna vez, ¿por qué algunas personas les va mejor que a otras, inclusive mejor que a ti?, te has preguntado, ¿por qué algunas personas que son muy inteligentes (alto coeficiente intelectual) y con gran éxito en su profesión, pero en su vida personal y familiar van de fracaso en fracaso?, o te has preguntado, ¿por qué muchas personas con grandes calificaciones escolares durante toda su vida y con una gran inteligencia, terminan trabajando con gente que apenas pudo terminar una carrera universitaria?, recuerda que el 90% de las cosas que nos suceden en la vida NO están bajo nuestro control, por tanto están en base a tu actitud ante el hecho no controlado.

La respuesta a estas y otras preguntas es la inteligencia emocional, existe una relación muy estrecha entre personas con un alto grado de coeficiente intelectual, pero posiblemente con una baja autoestima, la clave es el desarrollo de la inteligencia emocional.

Stephen Hawking, físico teórico, astrofísico, cosmólogo y divulgador científico británico, sus trabajos más importantes hasta la fecha han consistido en aportar teoremas respecto a las singularidades espaciotemporales en el marco de la relatividad general, y la predicción teórica de que los agujeros negros emitirían radiación, lo que se conoce hoy en día como radiación de Hawking, es indudable que hoy en día es el científico de mayor renombre de finales del siglo XX y principios del siglo XXI, sus estudios de los agujeros negros, la creación del universo, la gran explosión y la expansión del universo son irrefutables, ha sido un luchador incansable por más de 52 años de su enfermedad moto neuronal relacionada con la esclerosis lateral amiotrófica (ELA) que ha ido agravando su estado con el paso de los años, hasta dejarlo casi completamente paralizado, y lo ha forzado a comunicarse a través de un aparato generador de voz. Éste genio del siglo XXI se ha divorciado 3 veces.

CONCEPTOS DE INTELIGENCIA EMOCIONAL

La inteligencia emocional es un concepto nuevo y de reciente aplicación en la educación, industria y en la psicología, gran cantidad de información alrededor del concepto de inteligencia emocional se ha desarrollado para principios del siglo XXI, hoy por hoy es uno de los temas que ha creado gran divulgación y utilizado por áreas de la psicología para el desarrollo de la autoestima y mejora de las relaciones humanas. Para entender que el concepto es poco difundido, poco valorado y por tanto con una falta de entendimiento en la aplicación de nuestra vida diaria, un buscador en internet tradicional genera alrededor de 5,580,000 resultados relacionados al tema de inteligencia emocional, mientras que la palabra "dinero" genera 208,000,000 de resultados, la palabra Hip-Hop (Tipo de música que se generalizó a mediados de los 90′s) genera 260,000,000 de resultados y por último la palabra Obama (presidente de los estados Unidos de América, que inicia su mandato en el 2009) genera 582,000,000 de resultados. Tomando en cuenta que la mayor aportación al concepto de inteligencia emocional ha sido en 1995 por parte de Daniel Goleman en su libro Inteligencia Emocional, autor que ha publicado otros libro con una aplicabilidad enfocada al desarrollo y mejora del desempeño de las personas, para Goleman, psicólogo estadounidense que ayudó a popularizar el concepto, hay cinco elementos principales de la inteligencia emocional:

1. Consciencia de sí mismo.
2. La autorregulación.
3. Motivación.
4. Empatía.
5. Las habilidades sociales.

Cuanto mayor sea la capacidad del líder para desarrollar y mejorar cada una de estas áreas mayor será su inteligencia emocional. El concepto generalizado de Inteligencia Emocional es el siguiente:

Es el conjunto de habilidades que nos permiten percibir, comprender y regular nuestros estados emocionales y la de los demás, con el objeto de utilizar esta información para guiar nuestra forma de pensar y nuestro comportamiento.

Figura 1 (5 elementos según Goleman)

Jack Block, psicólogo de la universidad de Berkeley, ha establecido dos tipos teóricamente puros de personas con una alta inteligencia emocional:

- Los hombres que poseen una elevada inteligencia emocional suelen ser

  - socialmente equilibrados,
  - extrovertidos,
  - alegres,
  - poco predispuestos a la timidez y a rumiar sus preocupaciones,
  - demuestran estar dotados de una notable capacidad para comprometerse con las causas y las personas,
  - suelen adoptar responsabilidades, mantienen una visión ética de la vida y son afables y cariñosos en sus relaciones,
  - su vida emocional es rica y apropiada,
  - se sienten, en suma, a gusto consigo mismos, con sus semejantes y con el universo social en el que viven.

- Las mujeres emocionalmente inteligentes tienden a ser

  - enérgicas y a expresar sus sentimientos,
  - tienen una visión positiva de sí mismas y para ellas la vida siempre tiene un sentido,
  - suelen ser abiertas y sociables, expresan sus sentimientos adecuadamente (en lugar de entregarse a arranques emocionales de los que posteriormente tengan que lamentarse),
  - soportan bien la tensión,
  - Su equilibrio social les permite hacer rápidamente nuevas amistades,
  - se sienten lo bastante a gusto consigo mismas como para mostrarse alegres, espontáneas y abiertas a las experiencias sensuales,
  - y, a diferencia de lo que ocurre con el tipo puro de mujer con un elevado Coeficiente Intelectual, raramente se sienten ansiosas, culpables o se ahogan en sus preocupaciones.

Figura 2 (Elementos intrapersonales e interpersonales)

A continuación describiremos cada uno de los elementos de la inteligencia emocional en base a los conceptos de Daniel Goleman que publicó en su libro Inteligencia Emocional de 1995.

Figura 3 (Autoconocimiento)

1. Autoconocimiento

El conocimiento de las propias emociones

Significa ser consciente de uno mismo, conocerse, conocer la propia existencia y ante todo el propio sentimiento de la vida. Es la capacidad de reconocer un sentimiento en el mismo momento en que ocurre.

¿Cómo se logra el autoconocimiento?

- Tener una actitud autocrítica. Autoevaluación real.
- Conocer nuestros miedos, fortalezas y debilidades.
- Nombra o simbolizar nuestras emociones.
- Tener confianza en uno mismo.
- Reconocer como los sentimientos nos afectan.

Figura 4 (Autocontrol)

2. Autocontrol

Capacidad para controlar las emociones.

La conciencia de uno mismo es una habilidad básica que nos permite controlar nuestros sentimientos y adecuarlos al momento. La capacidad de tranquilizarse a uno mismo, de desembarazarse de la ansiedad, de la tristeza, de la irritabilidad y las consecuencias que acarrea su ausencia.

¿Cómo se logra el autocontrol?

* Confiar en nuestras decisiones.
* Conocer nuestras responsabilidades.
* Liberar ansiedad. Respirando.
* Capacidad de concentración y de prestar atención.
* Pensar antes de hablar.
* Evitar juicios erróneos.

Figura 5 (Automotivación)

3. Automotivación

Capacidad para motivarse a uno mismo.

Significa ser aplicado, tenaz, saber permanecer en la tarea, no desanimarse cuando algo no salga bien, no dejarse desalentar, ser capaz de ordenar las emociones al servicio de un objetivo esencial.

¿Cómo se logra la automotivación?

* Tomar la iniciativa de hacer las cosas, innovar.
* Tener siempre una aptitud optimista.
* Mente positiva.
* Compromiso.

Figura 6 (Empatía)

4. Empatía

El reconocimiento de las emociones ajenas.

Es la habilidad que le permite a los individuos concebir las carencias, emociones o dificultades de los demás, colocándose en su lugar para corresponder adecuadamente a sus reacciones emocionales, es decir, es la habilidad de conocer y entender lo que siente otra persona

¿Cómo se logra la empatía?

- **Escuchar a los demás.**
- Ver las necesidades de otro.
- Ponernos en la situación de otras personas.

Figura 7 (Sociabilidad)

5. Sociabilidad

El control de las relaciones.

Es la capacidad de conocer los sentimientos de otro y actuar de una manera, que se pueda dar nueva forma a esos sentimientos, ser capaz de manejar las emociones del otro es la esencia de mantener relaciones.

¿Cómo se logra la sociabilidad?

- Tener en cuenta las normas de la buena conducta.
- Amabilidad. Siempre saludar a las personas.
- Memorizar el nombre de todos los miembros del grupo.
- Minimizar la sensación de aislamiento.
- Estar dispuesto a colaborar y a trabajar en equipo.
- Amistad y compromiso con los compañeros.

GESTIÓN EMOCIONAL

La gestión emocional se deriva del concepto del entendimiento de la inteligencia emocional, es decir, cuando una persona tiene una completa "consciencia" de sus sentimientos y emociones, y decimos que tiene una consciencia ya que conoce la reacción que tiene como consecuencia de presentarse una emoción y sentimiento a raíz de un hecho no controlado, esta persona tiene una inteligencia emocional alta. En otras palabras, es dejar fluir de forma natural la emoción negativa que se presenta sin tener "control" de ella, llegando a su fin en un punto positivo; en muchos escritos de gestión emocional se atribuye a la habilidad de "controlar" la emoción para llevarla a buen fin, sin embargo, esto de tener control de las emociones, es como si una persona quisiera detener el flujo de un río, solo con su cuerpo. El aprendizaje natural del sentimiento negativo, no es más que, saber y conocer las consecuencias de presentarse en tu vida diaria y mantener la responsabilidad de los actos que se deriven.

El concepto de gestión, por lo tanto, se entiende como el conjunto de acciones, pensamientos y emociones que se llevan a cabo para resolver un asunto y concretarlo hasta su final "positivo" sin consecuencias a terceros o para ti. La gestión emocional es también la dirección, administración y conocimiento de las emociones de una persona para poder llevar a cabo todo tipo de actividades con eficiencia dentro de las 5 dimensiones de la inteligencia emocional (Autoconocimiento, autocontrol, automotivación, empatía y sociabilidad).

Algunos ejemplos de lo anterior pueden aclarar mucho mejor el concepto de "gestión emocional"

Figura 8 (Ciclo Emocional)

Lo anterior es un típico ciclo emocional que a cualquier persona o ser humano puede ocurrirle, la gestión emocional se refiere a que este ciclo sea lo más natural, suave y rápido. El intentar controlar para que sea más rápido o acortar el proceso o peor aún, intentar detenerlo, puede tener consecuencias devastadoras a un largo plazo, ya que este ciclo continuará y seguirá por el resto de tus días, sin pararse y sin que te percates en forma consciente; ahora imagínate, este mismo proceso o ciclo emocional sin control de algún tipo, sobre un niño de 8 años o en un adolescente de 15 años, que jamás fueron educados en la inteligencia emocional o peor aún, jamás supieron manejar y conocer sus emociones, tanto positivas, como negativas, ellos tendrán ciclos emocionales sin consciencia y sin manejo, provocando profundas emociones como frustración, miedos, decepción e inclusive depresión por largo tiempo. La gestión emocional en este tipo de ciclos, se refiere a que pase por cada una de sus etapas (o emociones y sentimientos) de forma natural y detenerse "en una sola vuelta" para poder reflexionar y pensar el origen que provoca la sorpresa negativa. Este tipo de ciclo se presenta decenas o inclusive cientos de veces en la vida de un ser humano, el objetivo de la gestión emocional, no es de que jamás se presente, sino que sea un proceso natural, suave y rápido, aprendiendo en cada ciclo a través de contestarnos "El por qué" sucede éste, es decir, conocer la raíz o causa del surgimiento de la emoción negativa. El conocimiento de la causa raíz del surgimiento del ciclo es fundamental en la gestión emocional, ya que ese aprendizaje se vuelve consciente, de tal forma que cada vez que se presenta, la persona debe enfocarse en determinar el origen del surgimiento del ciclo emocional negativo, en ese momento, el proceso se vuelve suave, cuando ha pasado varias veces por un aprendizaje, el proceso se vuelve rápido y cuando se vuelve suave y rápido, el proceso es natural y no tarda meses o inclusive años sin tener entendimiento de su origen.

La clave de la gestión emocional eficiente se basa en el conocimiento de la causa raíz o lo que está provocando el surgimiento de la emoción negativa, la mejor forma de conocer el origen o causa de la emoción negativa es a través de la "reflexión" y "el pensamiento" del por qué fue provocado el ciclo emocional, éste cuestionamiento es la clave de la gestión emocional, de tal forma que, tus sentimientos y emociones generadas en tu subconsciente, tiene respuesta ante el por qué surgen y por tanto son llevados hacia tu consciente para poder darle manejo y conocimiento por tu lógica y razonamiento natural, volviéndose de esa forma y a largo plazo un proceso natural, suave y rápido, llegando a ser una persona con una alta inteligencia emocional, dicho de otra forma, con un alto "COEFICIENTE EMOCIONAL".

En mi caso, cuento con una carrera universitaria, inclusive, tengo un grado de maestría con mención honorífica y mi amigo Henry, que describimos con anterioridad su vida, tuvo más inteligencia emocional sobre sus emociones negativas que otras personas que ostentan un grado universitario y mi estimado amigo, jamás ha tenido un grado universitario, lo que muestra que la inteligencia emocional no está relacionado con la educación académica, sino por el contrario tiene que ver con la consciencia que tenemos de nuestras emociones y sentimientos.

Analicemos el ejemplo de mi entrañable amigo a través del ciclo emocional negativo que te muestro en la figura 9, recordemos que a sus 16 años empezó a trabajar como ayudante de plomero por la imperiosa necesidad de un techo, ya que su madre, incansable trabajadora, jamás permitiría que en su casa hubiera un vago o muchacho que no se dedicara al estudio, así que, fue sacado del hogar materno y obligado a trabajar y a quedarse en cualquier tipo de techo durante varios meses y no tuvo hogar en donde alojarse o trabajo estable por el cuál tuviera una remuneración monetaria, así estuvo durante un poco más de 4 años, ésta necesidad hace que reinicie de la "cenizas" el negocio familiar; pero las preguntas que debemos hacernos para el caso de Henry son ¿dónde inicia el ciclo emocional negativo? y ¿dónde termina?. Veamos cada una de las etapas en base a nuestra historia del entrañable Henry:

Figura 9 (Ejemplo Ciclo Emocional)

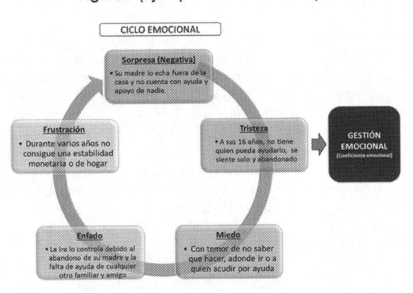

Para millones de personas este es un ciclo típico en el que uno mismo es responsable de iniciar el proceso, por mucho tiempo culparemos a alguien por ello, independientemente de quién es en realidad el culpable, pero aplicaremos el principio de que todos y cada uno somos responsables de nuestras acciones, sean buenas o malas, por lo que, para las personas con una baja inteligencia emocional (autoestima, autoimagen, responsabilidad, automotivación) es muy, pero muy fácil quedarse en este ciclo dando vueltas durante muchos años; deterioro familiar, destrucción de relaciones, distanciamiento, rencor y odio es el resultado del ciclo que gire y gire sin algún tipo de manejo emocional. A lo largo de los años es muy común que algunos de los elementos del ciclo de la figura 9 desaparezcan y se mantengan otros con mucho más arraigo y fortalecidos, típicamente los elementos que se mantienen en este tipo de ciclos son: la ira, el enojo, la furia, el enfado, la frustración y la tristeza, o simplemente se mantiene la tristeza.

En el caso de Henry, mi entrañable amigo, su ciclo no duró mucho, completó el ciclo y continuó su vida a sus 16 años, no guardando algún tipo de rencor, odio y tristeza, simplemente su meta fue generar ingresos para mantenerse, encontrar un techo y olvidarse de todo el pasado. Años después supe que él mismo se había pagado su escuela y terminado sus pocos años escolares.

Hoy en día Henry, lleva una relación muy cercana con su madre (ella vive con él), su negocio es próspero y muy competitivo, Henry es el sostén económico principal de su madre y el patriarca de su familia (hermanos y primos), sabe lo que quiere, hacia donde se dirige, pero sobre todo, con una extraordinaria estabilidad emocional. Nada es perfecto, aún con su estabilidad emocional, Henry no se ha casado, no tiene hijos y sus relaciones con sus parejas simplemente han sido buenas; en lo personal, para mi Henry es un ejemplo de inteligencia emocional, de liderazgo, pero sobre todo de amistad que durante más de 32 años él ha estado sembrando, cultivando y cosechando para los siguientes 30 años, simplemente muchas gracias mi estimado brócola.

COEFICIENTE EMOCIONAL

La inteligencia emocional NO se refiere a sofocar las emociones, sino, en saber dirigirlas, manejarlas y sobre todo en equilibrarlas, como hemos dicho, tenemos que dar paso a las emociones de una forma natural, es decir, que el proceso de la emociones, sea natural, suave y rápido; lamentablemente hoy en día no hay una educación formal para los niños de 5 años en adelante para madurar o fortalecer la inteligencia emocional, la educación académica solo se encarga de incrementar el conocimiento, la técnica aplicada y por tanto, ejercitar la parte lógica de nuestro cerebro.

Al no existir una educación formal de la inteligencia emocional desde que somos niños (de acuerdo al libro Inteligencia Emocional para niños del autor Lawrence E. Shapiro, la edad adecuada para fortalecer la IE de un niño es de los 4 a 12 años), la mayoría de las personas no desarrolla una IE adecuada a temprana edad, formándola años después por los propios golpes de la vida; un porcentaje mínimo de los padres educan a sus hijos bajo la consciencia de fortalecer su inteligencia emocional o sin alguna consciencia de ese fortalecimiento, pero que incrementan la inteligencia emocional del niño, pero la mayoría de los padres jamás tiene una intención de fortalecer la inteligencia emocional, sustituyendo la exigencia y disciplina en tener grandes calificaciones en la educación académica, siendo que un niño que reprueba matemáticas o cualquier otra asignatura, se le considera irresponsable, falto de conocimiento o inclusive "tonto", aunque este tipo de situaciones puede ser tan compleja o tan simple como fortalecer la inteligencia emocional. El tema de la inteligencia emocional en un niño es tan amplio que merece todo un libro para ello, sin embargo, nosotros estamos abordando el tema de adultos con aspiraciones de liderazgo, su perfil de Inteligencia emocional y las formas de desarrollarla para ser un extraordinario líder transformacional o líder emocional.

Lo que sí es claro es que para poder mejorar, fortalecer e inclusive medir la inteligencia emocional debemos tener en cuenta lo siguiente:

Figura 10 (Coeficiente Emocional)

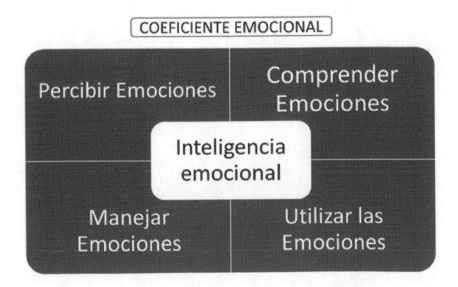

COEFICIENTE EMOCIONAL

Percibir Emociones

Comprender Emociones

Inteligencia emocional

Manejar Emociones

Utilizar las Emociones

A diferencia de lo que ocurre con el **cociente intelectual** no existe un estudio "exacto" que permita medir nuestra capacidad o el grado de inteligencia emocional personal. En este sentido, la apreciación y medición de esta habilidad es más bien subjetiva y poco exacta, pero que de alguna forma se puede medir, desarrollar y fortalecer en base a pruebas y evaluaciones. Daniel Goleman también recoge el pensamiento de numerosos científicos del comportamiento humano que cuestionan el valor de la inteligencia racional como predictor de éxito en las tareas concretas de la vida, en los diversos ámbitos de la familia, los negocios, la toma de decisiones, el desempeño profesional, etc. Citando numerosos estudios Goleman concluye que el Coeficiente Intelectual no es un buen predictor del desempeño exitoso. La inteligencia pura no garantiza un buen manejo de las vicisitudes que se presentan y que es necesario enfrentar para tener éxito en la vida.

Según Goleman como lo hemos visto, la inteligencia emocional puede dividirse en dos áreas:

- Inteligencia intrapersonal: Capacidad de formar un modelo realista y preciso de uno mismo, teniendo acceso a los propios sentimientos, y usarlos como guías en la conducta.

- Inteligencia interpersonal: Capacidad de comprender a los demás; qué los motiva, cómo operan, cómo relacionarse adecuadamente. Capacidad de reconocer y reaccionar ante el humor, el temperamento y las emociones de los otros.

Existen muchos tipos de evaluaciones y pruebas (no exactas) para medir el grado de madurez y desarrollo de la inteligencia emocional de un individuo, desde 1990 Salovey y Mayer diseñaron diversas formas de medición, en la actualidad se han desarrollado evaluaciones para una gran diversidad de formas de medir la inteligencia emocional para distintas aplicaciones, tales como, la selección de personal dentro de una empresa, desarrollo de personal, pruebas psicológicas y grados de estabilidad en adultos y niños, etc.

Te adjunto a continuación una evaluación tradicional, por favor tómala solo como una referencia, ya que existen evaluaciones mucho más completas y recuerda que aún así es una medida subjetiva. Sin embargo, esta evaluación te podrá dar una idea general de tu capacidad emocional. La mejor medida que puedes tener eres tú mismo, no habrá una evaluación más completa que la que tú podrás "sentir" en el momento de crecer tu inteligencia emocional, sentirás entre otras cosas y sin ser limitativo lo siguiente:

1. Mayor seguridad al iniciar nuevas actividades.
2. Mayor confianza en la gente y el trato con ellas.
3. Tus arranques emocionales (enojo, ira, furia, tristeza) son mucho más cortos.
4. Te das cuenta casi inmediatamente de la razón del surgimiento de tus emociones (sea alegría, tristeza, enojo, etc.).
5. El mecanismo de reflexión y pensamiento del por qué surge una emoción (sea cuál sea) es inmediato al identificar el sentir.
6. La plática con la gente te hace sentir cómodo y reconoces fácilmente sus emociones y sentimientos al momento de interactuar, de tal forma que te puedes identificar con ellas.
7. Identificas con una gran facilidad lo que te provoca emociones positivas y negativas y por tanto, incentivas la aparición de las emociones positivas, tales como la alegría, satisfacción, amor, interés, etc., lo anterior se refiere a que reconoces las emociones que te motivan junto con las actividades relacionadas a éstas.
8. Deliberadamente y con propósito inicias actividades que sabes perfectamente generan emociones positivas que favorecen a que te mantengas feliz. Lo anterior es tan simple como el entretenimiento (música, baile, cine, conversación, fiestas, paseos, comer, etc.), pero ahora expandes ese mundo a nuevas cosas que no habías hecho antes.
9. Entre muchas otras más.

Evaluación:

En la evaluación podrás saber de forma referencial el conocimiento y manejo de tus emociones en diferentes situaciones de tu vida, debes responder sinceramente y de forma inmediata, evitando pensar demasiado, ya que le pondrías más lógica a tus respuestas, al final de cada pregunta coloca el número de acuerdo a tu respuesta. Debes contestar a las preguntas con un

- *NUNCA = valor 0 puntos*

- *ALGUNAS VECES* = valor 1 punto

- *SIEMPRE* = valor 2 puntos

1. Me conozco a mí mismo, sé lo que pienso, lo que siento y lo que hago. (   )

2. Soy capaz de auto motivarme para aprender, estudiar, aprobar, conseguir algo. (   )

3. Cuando las cosas van mal, mi estado de ánimo aguanta bien hasta que las cosas van mejor. (   )

4. Llego a acuerdos razonables con otras personas cuando tenemos posturas enfrentadas. (   )

5. Sé qué cosas me ponen alegre y que cosas me ponen triste. (   )

6. Sé lo que es más importante en cada momento. (   )

7. Cuando hago las cosas bien, me felicito a mí mismo, no necesito de alguien para reconocerme. (   )

8. Cuando los demás me provocan intencionadamente soy capaz de no responder. (   )

9. Me fijo en el lado positivo de las cosas, me considero optimista y positivo en "todo" momento. (   )

10. Controlo mis pensamientos, pienso lo que de verdad me interesa. (   )

11. Hablo conmigo mismo en voz baja cuando reflexiono algo. (   )

12. Cuando me piden que diga o haga algo que me parece inaceptable me niego a hacerlo. (   )

13. Cuando alguien me critica injustamente, me defiendo adecuadamente con el diálogo. ( )

14. Cuando me critican por algo que es justo lo acepto porque tienen razón. ( )

15. Soy capaz de quitarme las preocupaciones que me "pueden" obsesionar. ( )

16. Me doy cuenta de lo que dicen, piensan y sienten las personas más cercanas a mí (amigos, compañeros, familiares…). ( )

17. Disfruto y valoro las cosas buenas que hago. ( )

18. Soy capaz de divertirme y disfrutar de cualquier tipo de situación y donde esté. ( )

19. Hay cosas que no me gusta hacer pero sé que hay que hacerlas y las hago. ( )

20. Soy capaz de sonreír siempre, a cada momento y todos los días. ( )

21. Tengo confianza en mí mismo, en lo que soy capaz de hacer, pensar y sentir. ( )

22. Soy una persona activa, me gusta hacer cosas y emprendo lo que me propongo con facilidad. ( )

23. Comprendo los sentimientos de los demás. ( )

24. Mantengo conversaciones con la gente. ( )

25. Tengo buen sentido del humor y hasta me rio de mí mismo ante cualquier persona. ( )

26. Siempre Aprendo de los errores que cometo. ( )

27. En momentos de tensión y ansiedad, soy capaz de relajarme, tranquilizarme y evitar enojos innecesarios. ( )

28. Soy una persona realista y objetiva, veo los distintos puntos de vista, no solo el mío. ( )

29. Cuando alguien se muestra muy nervioso(a) o exaltado(a), lo calmo y le tranquilizo. ( )

30. Tengo las ideas muy claras sobre lo que quiero. ( )

31. Controlo bien mis miedos y temores. ( )

32. Si me siento solo y abandonado, no me agobio por eso. ( )

33. Formo parte de algún grupo o equipo de deporte, de ocio para compartir intereses y aficiones. ( )

34. Sé cuáles son mis defectos y cómo cambiarlos. ( )

35. Soy creativo, tengo ideas originales y las desarrollo. ( )

36. Sé qué pensamientos son capaces de hacerme sentir feliz, triste, enfadado, cariñoso, altruista. ( )

37. Soy capaz de manejar bien la frustración cuando no consigo lo que me propongo. ( )

38. Me comunico bien con "Todas" las personas que me relaciono día a día. ( )

39. Soy capaz de comprender el punto de vista de los demás. ( )

40. Identifico las emociones que expresa la gente de mí alrededor. ( )

41. Soy capaz de verme a mí mismo desde la perspectiva de los otros. ( )

42. Me responsabilizo de los actos que hago. ( )

43. Me adapto a las nuevas situaciones, aunque me cueste algún cambio en mi manera de sentir las cosas. ( )

44. En "todo momento" pienso que soy una persona equilibrada emocionalmente. (   )

45. En cada situación del día, tomo decisiones sin dudar ni titubear demasiado. (   )

Suma los puntos de las 45 preguntas y dependiendo del valor que te resulte, lee cuidadosamente lo que te corresponde.

SUMA TOTAL = _____ puntos.

1. Entre 0 y 20 puntos = **DISCAPACITADO EMOCIONALMENTE**
2. Entre 21 y 35 puntos = **INESTABLE EMOCIONALMENTE**
3. Entre 36 y 45 puntos= **ESTABLE EMOCIONALMENTE**
4. Entre 46 y 79 puntos= **INTELIGENTE EMOCIONALMENTE**
5. Entre 80 y 90 puntos= **GENIO EMOCIONALMENTE**

DISCAPACITADO EMOCIONALMENTE: Con esta puntuación deberías saber que todavía no conoces suficientemente qué emociones son las que vives, no valoras adecuadamente tus capacidades, que es seguro que las tienes. Son muchas las habilidades que no pones en práctica y son necesarias para que te sientas más SATISFECHO contigo mismo y las relaciones con la gente sean satisfactorias. En el libro pondremos ejercicios que te ayudaran a trabajar en tú IE y te podrá ser de gran ayuda para aumentar tus **habilidades de inteligencia emocional**.

INESTABLE EMOCIONALMENTE: Con esta puntuación tus habilidades emocionales son todavía escasas. Necesitas conocerte un poco mejor y valorar más lo que tú puedes ser capaz de hacer. Saber qué emociones experimentas, cómo las controlas, cómo las expresas y cómo las identificas en los demás; es fundamental para que te puedas sentir bien y desarrollar toda tu personalidad de una manera eficaz. En el libro pondremos ejercicios que te ayudaran a trabajar en tú IE y te podrá ser de gran ayuda para aumentar tus **habilidades de inteligencia emocional**.

ESTABLE EMOCIONALMENTE: Casi lo conseguiste. Con esta puntuación te encuentras en lo deseable para CUALQUIER PERSONA respecto a sus habilidades emocionales, conoces muchas cosas de las que piensas, haces y sientes y, posiblemente, de cómo manejar tus emociones y comunicarte con eficacia con los demás. No obstante, no te conformes aprender más acerca de manejar y conocer a profundidad de tu IE. En el libro pondremos ejercicios que te ayudaran a trabajar en tú IE y te podrá ser de gran ayuda para aumentar tus **habilidades de inteligencia emocional**.

INTELIGENTE EMOCIONALMENTE: No está nada mal la puntuación que has obtenido. Indica que sabes quién eres, como te emocionas, cómo manejas tus sentimientos y como descubres todo esto en los demás. Tus relaciones con la gente las llevas bajo control, empleando para ello tus habilidades para saber cómo te sientes tú, como debes expresarlo y también conociendo como se sienten los demás, y que debes hacer para mantener relaciones satisfactorias con otras personas. Estás en la gran oportunidad de ser un extraordinario líder si te propones influir positivamente en una o muchas personas que te sigan hacia una visión personal que tengas. En el libro pondremos ejercicios que te ayudaran a trabajar en tú IE y te podrán ser de gran ayuda para aumentar tus **habilidades de inteligencia emocional**.

GENIO EMOCIONALMENTE: Eres un genio de la emoción. Se diría que eres número 1 en esto de la INTELIGENCIA EMOCIONAL. Tus habilidades te permiten ser consciente de quién eres, qué objetivos pretendes, qué emociones vives, sabes valorarte como te mereces, manejas bien tus estados emocionales y, además, con más mérito todavía, eres capaz de comunicarte en forma personal con quienes te rodean y también eres único para solucionar los conflictos interpersonales que cada día acontecen. En el libro pondremos ejercicios que te ayudaran a trabajar en tú IE y te podrá ser de gran ayuda para aumentar tus **habilidades de inteligencia emocional**.

LIBERTAD EMOCIONAL (BALANCE ENTRE EL RAZONAMIENTO Y LAS EMOCIONES)

Aristóteles escribió hace varios siglos dentro de su Ética de Nicómaco lo referente a lo que hoy conocemos como inteligencia emocional, cabe aclarar que Daniel Goleman inicia su libro con la siguiente frase que no es de esperarse que la sigamos utilizando los que estamos apasionados con el crecimiento, manejo y conocimiento de nuestras emociones:

"Cualquiera puede ponerse furioso... eso es fácil. Pero estar enojado con la persona correcta, en la intensidad correcta, en el momento correcto, por el motivo correcto y de la forma correcta, eso si no es fácil". — Aristóteles S. IV a.c., *Ética de Nicómaco* —

Ética de Nicómaco es una obra de Aristóteles escrita en el siglo IV a. C. La obra abarca un análisis de la relación del carácter y la inteligencia con la felicidad.

Sin colocarnos en la gran complejidad del ser humano, dentro de su inconsciente, su consciente y sus múltiples inteligencias (verbal, espacial social, etc.) tomaremos el tema de nuestro libro con una simplicidad y de forma práctica el vivir nuestro día a día y principalmente utilizaremos dos elementos muy poderosos y que rigen prácticamente el 95% de nuestras vidas, hablo de la lógica como raciocinio (Inteligencia intelectual) y nuestra inteligencia emocional (sentimientos y emociones), ambos conceptos viven en nuestra mente y a diario tomamos decisiones utilizando principalmente una u otra. Los expertos aseguran que el 80% de nuestras decisiones a diario son tomadas por nuestra inteligencia emocional, basados en los sentimientos y emociones al momento de dar dirección a nuestra vida, estás decisiones del día a día pueden ser tan simples o muy complejas, por ejemplo algunas decisiones diarias basadas en nuestras emociones son:

- Lo que comeremos en el día.
- La plática que tendremos con la gente que nos rodea.
- El comportamiento que tendremos ante los hechos no controlados.
- Si estaremos felices, tristes o enojados.
- Nos acostaremos a dormir preocupados o tranquilos.
- La forma que tratamos a nuestros semejantes (sean conocidos o no).
- Que camino tomamos para irnos a trabajar
- La forma que saludaremos a nuestros semejantes
- Entre las más importantes…

La libertad emocional inicia con el reconocimiento que tenemos de nuestras emociones y sentimientos en la diversidad de circunstancias que se nos presentan todos los días, es decir, cuando llegas a conocer la mayoría de las reacciones que se te presentan ante una emoción y sentimiento, éste es el primer paso para una libertad emocional; ejemplo de ellos es:

A inicios de mi matrimonio, me di cuenta que en realidad no conocía a mi reciente esposa (nada raro en un matrimonio tradicional), ya que de haberla conocido a estar casado con ella pasaron solo 5 meses, hoy hasta la fecha continuo feliz junto con dos grandes bendiciones, sin embargo, ya en el matrimonio mi estilo y calidad de vida distaban mucho de lo que estaba acostumbrado, principalmente en el tema de ordenar todas las cosas, y me basaba en el simple principio de que "todas las cosas tiene un lugar" y asegurar que se mantenga en ese lugar. Fue claro que mi esposa no seguía este principio, de hecho, no lo conocía y por tanto no sabía de este básico paso para el orden; el primer año de nuestro matrimonio fue toda una batalla acerca del orden de todas las cosas, el enojo, el malestar, la incomodidad eran en mí cosa de todos los días, se empezó a volver insoportable y sin ningún tipo de solución, ya que yo no entendía lo que ella quería y mi esposa no entendía lo que yo quería respecto al orden, parecía no haber futuro para nosotros y nuestro prominente proyecto "familia en mano"; así parecía venirse abajo uno de los motivos por el cual nos casamos, recordé lo que años atrás había leído acerca de la inteligencia emocional de Daniel Goleman y comencé a aplicar cada uno de esos conocimientos a mi triste caso de desorden en casa. El primer paso, aun cuando parezca simple y sencillo, es preguntarse 1) "el por qué" estaba enojado, molesto e incómodo con la situación, en mi caso la respuesta fue clara y casi obvia: ¡El desorden en casa!.

Segunda reflexión en lo que debemos pensar cuando las emociones y sentimientos se apoderan de nosotros; 2) ¿Qué pasa si continúo enojándome con la situación del desorden en casa?, la respuesta de nueva cuenta fue rápida y bastante obvia: no tendría futuro mi matrimonio y acabaría en las filas de las estadísticas del divorcio, mi mente lógica, me decía que no quería eso, pero mi emoción con mano en el corazón me decía que no podía soportarlo más. En esos momentos debe entrar el llamado balance emocional, la libertad emocional de tomar una decisión que te lleve a un beneficio mayor y aquí podemos empezar a determinar que tomar una decisión lógica muy posiblemente sea correcta, pero, tomar una decisión basada en las emociones también puede ser correcta, entonces, ¿cuál es la decisión más adecuada?

Figura 11 (Balance emocional)

La Realidad de las cosas es que no hay una respuesta correcta, es decir, todo depende de las circunstancias de la situación para poder determinar que una u otra decisión, sea emocional o lógica, es la correcta. La clave para poder determinar si es tu mejor decisión la opción lógica o la opción emocional, es determinar las consecuencias y responsabilidades que te llevarán ambas decisiones y puedas enfocarte en la de mayor beneficio o que es de menor detrimento.

Para mi caso, al estudiar ambas decisiones, tanto la lógica que era mantener mi matrimonio y evitar un divorcio mal visto por la familia y la sociedad, y la decisión emocional de no continuar el matrimonio y salvar mi tranquilidad y paz mental; colocar en la balanza ambas partes, reflexionar en las consecuencias y las responsabilidades que trae cada una de ellas y entonces tomar una "decisión consciente".

Hasta la fecha, no hay un final de la historia, aún continua y muy posiblemente seguirá mi matrimonio mientras mantenga aplicando día a día mi inteligencia emocional con mi esposa. Lo cierto es que la decisión que tomé me llevo hacia caminos que debía aplicar el primer principio según Goleman, "El conocimiento de tus propias emociones, conócete a ti mismo", el cual apliqué con toda consciencia y responsabilidad, ya que determine mi ciclo emocional que surgía, el cual era: incomodidad, enojo, decepción y arrepentimiento, todo en ese orden, solo yo era capaz de detener el ciclo que duraba varios días. La racionalización de las emociones es lo que hace que te puedas responsabilizar de cada una de las acciones que llevas ante el ciclo emocional, esta racionalización es la simple consciencia y respuesta del por qué surgen las emociones y posteriormente te haces responsable de sus consecuencias, esa es la racionalización de las emociones, por lo que mi pensamiento ante este ciclo que giraba y giraba una y otra vez por un poco más de 1 año fue el siguiente: ¿Soy parte del problema del desorden? Y mi respuesta fue contundente, NO; ¿Soy parte de la solución del problema de ordenar las cosas por mí mismo? Y la respuesta fue de igual manera contundente, NO; ahí está mi consciencia respondiendo a mis emociones, la parte lógica de mi cerebro respondiendo a la parte emocional, y que era muy claro, NO HACIA NADA POR MEJORAR LA SITUACIÓN, es decir, no ordenaba lo que estaba desordenado, aún cuando yo no había sido el origen del desorden. Ante estas respuestas en mi cabeza y en mi corazón el ciclo emocional fue mucho más suave, más rápido y más natural; hoy en día levanto pocas cosas, pero junto con mi esposa designamos un lugar especial para todo. El ciclo emocional se sigue presentando, pero es más fácil manejarlo, ya que lo conozco y entiendo en dónde termina y dónde inicia, pero lo más importante de cada ciclo emocional es determinar el balance en cada uno de ellos y poder tener muy claro lo que tú quieres alcanzar.

Recuerda que el balance emocional inicia con la racionalización de las emociones, al darles una explicación del "porque" surgen y las consecuencias de continuar con el ciclo por meses e inclusive por años, aquí es la clave de conocer y manejar los sentimientos y emociones para tu beneficio y de los que te rodean.

"Cambiar tus pensamientos es la clave de la evolución de una persona."

"La mejor forma de vivir el presente es aprender del pasado y teniendo siempre sueños que alcanzar en el futuro"

LIDERAZGO

CONCEPTOS

La mejor definición que he encontrado de liderazgo y que refleja los retos del Siglo XXI en diferentes ámbitos de aplicación es: "INFLUIR EN LA GENTE DE FORMA POSITIVA". Parte de esta definición es tomada de John C. Maxwell escritor, conferencista y líder comunitario de los Estados Unidos, este autor tiene más de 60 libros acerca de liderazgo; pero lo que he aprendido de éste autor que ha escrito por más de 30 años sobre el tema de liderazgo, es que los líderes que hoy se requieren en todo el mundo para guiar a una sociedad necesitada de dirigentes en todos los ámbitos de la sociedad son muy escasos, raros y poco valorados, la carrera del líder en la actualidad se tiene que ir formando y desarrollando las habilidades necesarias para guiar, dirigir y sobre todo desarrollar a otros iguales o similares a él en el camino del liderazgo transformacional.

Las habilidades de un líder transformacional no nacen con ellas, todo lo contrario, se tienen que ir formando, desarrollando y mejorando al paso de los años; muchas personas son formadas por sus padres, que con consciencia y propósito exponen a sus hijos sobre los valores y habilidades del líder, llegando a su vida adulta con una ventaja sobre millones de personas, está el caso contrario de miles de millones de padres en el mundo sin consciencia y sin ningún tipo de propósito forman a sus hijos sin valores y habilidades de liderazgo, lo que va formando a personas que prefieren seguir a otras personas y mantener un bajo perfil durante el resto de su vida sin llegar a tener alguna aspiración de liderazgo. En este caso estamos más del 95% de la población mundial, hasta que cada quien decida iniciar una carrera de liderazgo transformacional y empiece a formar y desarrollar habilidades que siempre se han tenido, pero que jamás han sido desarrolladas, este es el caso del 95% al que pertenecemos la mayoría.

Sin embargo, si jamás fuiste formado y desarrollado en el sutil arte del liderazgo transformacional, al leer este libro empezaras con este entrenamiento, jamás podrás desarrollar habilidades que jamás has visto sino estás comprometido, enfocado, pero sobre todo dispuesto a hacer cosas que no habías hecho, como es el caso de cambiar tu forma de pensar, abrir tu zona de confort y retarte hasta límites que no has llegado antes. En palabras más claras, si tú no estás dispuesto a retar tus miedos y todos tus limitantes que tenemos en nuestra mente, sea en forma consciente o en forma inconsciente, que éste último término es el que nuestra mente, sea en forma consciente o en forma inconsciente, jamás podrás transformarte en una mejor persona o en un líder transformacional, vencer la parte inconsciente es la que cuesta más trabajo pero que no es imposible para mejorar como persona.

De ahora en adelante tomaremos como referencia a John C. Maxwell, considero a este escritor y líder de la sociedad que tiene una gran cantidad de conceptos y conocimientos aplicados en el tema del liderazgo, sin embargo, nosotros tomaremos este autor solo como referencia para describir al "líder transformacional" y sus características, habilidades y sobre todo sus actitudes que presenta ante sus colaboradores. Antes de continuar me gustaría definir el concepto de líder transformacional, figura que en el siglo XXI es mucho más que requerido, me parece que es una figura urgentemente necesitada en el mundo en diferentes ámbitos de la sociedad (familia, industria, servicios, gobierno y comunidad en general). La necesidad "urgente" nace para finales del siglo XX, cuando inicia la era de la globalización, inicia la era de la información y termina la era industrial, la tecnología de la comunicación crece a pasos agigantados, la distribución y logística de entrega de los productos y servicios se vuelve preponderante como negocio alterno, ya no existen los multi-mercados, se transforman en mercados regionales (América del norte, Comunidad Europea, Asia, Medio Oriente y Latinoamérica) y en la última década se despuntan mercados "Emergentes", como Brasil, China e India entre los más importantes. Todo lo anterior modifica drásticamente la economía, finanzas y mercados de todo el mundo y teniendo como consecuencia o resultado de esta cantidad de factores, uno de los retos más grandes que ha tenido, no solo las empresas, sino la sociedad misma, cambios tan drásticos que hemos visto como: la quiebra de países y empresas multinacionales más grandes que un país, la quiebra de empresas automotrices norteamericanas, calentamiento global que ha provocado pérdidas millonarias a países y comunidades, sin contar el costo ambiental tan grave que han desencadenado estos desastres originados principalmente por el hombre. Estos y muchos otros factores han modificado al mundo y ha generado uno de los retos más grandes que la sociedad ha visto en los últimos 100 años, este reto es la "COMPETITIVAD Y SOSTENIBILIDAD" de las empresas, gobiernos y sociedad misma.

La competitividad y la sostenibilidad no es más que la capacidad de una empresa o gobierno por ser la mejor en los mercados en los que tiene presencia a un largo plazo (al menos por 10 años), manteniéndose flexible a los cambios de los mercados, rentables e innovadoras. Esta competitividad y sostenibilidad principalmente necesarias para las empresas en el mundo han generado la gran necesidad de "líderes transformacionales" que tenga la capacidad de influir en la gente y llevar a todos ellos a cumplir con la visión, estrategias, metas, objetivos y planes de acción de las empresas en las que participan, a corto y mediano plazo, sin embargo, los cambios tan rápidos en los mercados, la economía y la sociedad han provocado que las empresas no se adapten, pierdan mercado, bajen ventas, disminuye rentabilidad y principalmente su personal se vea desmotivado, perdido y sin rumbo y dirección, quedándose las empresas en éste tipo de ciclo vicioso difícil de romper; por tanto, una de las herramientas más potentes para romper este tipo de ciclos es el liderazgo transformacional; es claro, que muchas empresas en el mundo no se encuentran en este tipo de situación actual, de hecho, se encuentran en ciclos virtuosos, pero que los retos del mercado no dejan de ser ajenos a ellas, por lo que tiene que seguir rompiendo ciclos virtuosos para continuar mejorando continuamente más allá de su condición actual para mantener una competitividad sostenible o a largo plazo.

Para empezar a entender más el concepto de "liderazgo transformacional", haremos referencia al libro "Los 5 niveles de Liderazgo" libro escrito por John C. Maxwell, en este documento el autor quiere hacer énfasis en los diferentes escalones que tiene el liderazgo, haciendo una descripción de las habilidades, actitudes y sobre todo influencia sobre las personas a su alrededor en cada uno de los 5 niveles liderazgo.

Los 5 niveles se definen por parte del autor como sigue:

1. Posición (Líder funcional)

La gente sigue a un **líder** sólo porque se le ha nombrado jefe o **líder** de equipo. Este es el nivel básico en el que cualquier persona que se le asigne personal para cumplir con objetivos, tareas o inclusive proyectos tiene un liderazgo. Dentro de la estructura de una empresa, la persona que cuenta con colaboradores, se le podrá decir que es un líder funcional o líder de posición, ésta jerarquía se logra con el simpe hecho de llamarse jefe de alguien. Los colaboradores solamente siguen al líder funcional simplemente porque es el jefe, éste NO aplica habilidades, actitudes o influencia más allá de dar simplemente órdenes para que las cosas se hagan. Los resultados que se obtienen de este tipo de liderazgo es gracias a su extraordinaria visión de dar órdenes en el momento y en el lugar adecuado con quien corresponda, no hay ningún tipo de habilidades aplicadas en el liderazgo con el fin de facilitar los resultados requeridos, el beneficio de los resultados normalmente no son compartidos con el equipo, son simplemente acaparados por el jefe y éste simplemente informa de los resultados. De no llegar a los resultados, en este tipo de nivel de liderazgo es común que haya culpables directos y que claro, jamás será el jefe el responsable de no lograr alcanzar los objetivos propuestos. El trabajo en equipo es simplemente funcional, es decir, se hacen reuniones con los involucrados con el simple hecho de designar tareas, delegar responsabilidades (sin base alguna de desarrollo personal) y dar seguimiento al avance de las tareas por parte del jefe. Cabe aclarar que la mayoría de los líderes en el mundo están en este nivel, cumpliendo con ciertas características en forma esporádica del nivel II (permiso). La principal prueba de que tú estás en este nivel, es cuando tú le pides a tus colaboradores ir más allá de sus límites laborales y de autoridad establecida, si la gente no quiere hacerlo y determina justificaciones para evitar la responsabilidad, el líder está en el Nivel 1

2. Permiso (Líder por resultados)

Los colaboradores comienzan a tener confianza en un **líder**. El jefe o líder funcional ha logrado algunas metas colocadas en su trabajo, no necesariamente basadas en el trabajo en equipo, pero ha conseguido resultados que han beneficiado a la organización y por tanto al personal involucrado. Los resultados obtenidos han sido básicamente porque el jefe ha perseguido el trabajo de sus colaboradores, los ha presionado a hacer cada una de sus tareas, por lo que se han conseguido metas y objetivos importantes, la influencia en la gente es baja y se le sigue debido a que el jefe es un gran perseguidor de los resultados ante sus colaboradores, su principal habilidad de liderazgo aplicada en este nivel es principalmente el seguimiento disciplinado y persistente de las tareas asignadas a sus colaboradores y por tanto se le empieza a caracterizar como una persona que logra sus metas y objetivos, de esta forma tiene reconocimiento en la organización, se observa que el líder por resultados comparte los reconocimientos y beneficios en el logro de las metas propuestas, en caso de no lograr las metas y objetivos propuestos, ante los directivos o jefes inmediatos, el líder comparte la responsabilidad junto con los colaboradores que este mismo líder cree que tuvieron la culpa de la falta de resultados, ante los colaboradores los hace responsables por el trabajo faltante. Se observa un trabajo en equipo ya que se designan responsabilidades, se delegan tareas al personal con mayor aptitud para realizar las actividades y llegar al resultado, existen acuerdos y seguimientos en juntas previamente programadas por el líder por resultados. Las juntas del equipo son dirigidas exclusivamente por el líder, por lo que éste define acciones prioritarias, fechas y planes de entrega, la principal opinión es la de éste líder y el seguimiento férreo de cada una de las tareas de los colaboradores, éstos últimos toman nota de lo que se les tiene que designar por parte del líder, las fechas que tienen que entregar sus tareas y sobre todo, tienen muy poca jerarquía en la toma de decisiones y prácticamente no se les pide su opinión y punto de vista de las tareas y como hacerlas. La gran característica de este nivel de liderazgo según Maxwell, es que la gente sigue al líder por convencimiento propio, debido a los resultados que proporciona, la prueba de este nivel es que se le pide a los colaboradores ir más allá de sus límites laborales y de autoridad, y una gran parte del personal lo hará, la minoría seguirá buscado justificaciones para no hacerlo.

3. Producción (Líder de resultados sostenibles)

La gente comienza trabajar por lo que el **líder** ha hecho por el equipo u organización en forma consecutiva, y por un periodo largo ha conseguido los resultados esperados y que se le han fijado. La influencia con los colaboradores empieza a ser profunda y se cimienta en el respeto y éste crece por lo que el líder y sus colaboradores han logrado juntos. La gente empieza a seguir por lo que el líder ha hecho por el equipo y la organización. El éxito de un líder se debe principalmente por el trabajo de todos sus colaboradores y tiene un beneficio para éstos y para la organización. Los resultados se obtienen con trabajo en equipo coordinado, enfocado y productivo en tiempo y forma, se designan con claridad las responsabilidades, tareas y sus actividades por orden de especialidad definidas por los colaboradores que participan en el equipo. La principal habilidad aplicada por el líder es facilitar las tareas y actividades de cada uno de los colaboradores, servir de guía en las tareas y principalmente autorizar recursos para que sus colaboradores se desempeñen en sus actividades, otra gran habilidad aplicada es la de tener una visión clara de hacia dónde se dirige, que resultados se requieren y aplica a lo largo y ancho de la organización los valores, cultura y filosofía de la empresa. Los resultados obtenidos por varios periodos consecutivos son basados en el excelente desempeño del trabajo en equipo, base para el trabajo de todos y cada uno de los colaboradores, ya que se aplica una gran cantidad de herramientas para desarrollar un alto desempeño en los equipos de trabajo, el liderazgo de cada una de las juntas realizadas bajo calendario son dirigidas por lo colaboradores que se van rolando el papel. Los beneficiosos de los resultados obtenidos son compartidos enteramente por el líder hacia cada uno de los miembros involucrados y principalmente para los miembros del equipo de alto desempeño, ante la junta directiva el equipo de trabajo y todos sus colaboradores son los responsables del logro de los objetivos y metas, el líder de resultados sostenibles es visto con gran aprecio y como un verdadero líder de trabajo para involucrar, dirigir y facilitar a cada uno de sus colaboradores, cabe aclarar que aún no se puede apreciar como un coach. De no llegar a los resultados planeados el líder se responsabiliza completamente de cada uno de los errores o motivos que provocaron no cumplir con las metas y objetivos, ante los colaboradores inicia sesiones de análisis, lluvia de ideas y provoca que se realice un plan de acción correctivo y redefinir las tareas y actividades, así como, metas y objetivos de ser necesario. La base de este nivel que se caracteriza por herramientas para desarrollar equipos de alto desempeño, existe en la literatura un libro con extraordinarias herramientas que pueden servirte para darte una gran idea de lo que es este nivel, el libro se llama "Equipos triunfadores" del autor Mark Miller vicepresidente de desarrollo de personal en Chick-Fil- A.

4. Desarrollar personas (líderes desarrollando líderes) como Líder transformacional

Los mejores **líderes** ayudan a desplegar el potencial de los otros para ser **líderes**. En este nivel es claro que el nivel 1,2 y 3 están bien cimentados, no se requiere de jefes que den seguimiento a las tareas de los colaboradores, no se requiere de un líder que de resultados para organizar un equipo de alto desempeño, lo anterior significa que el nivel de madurez del personal es muy alto, ya que conocen y han trabajado y aplicado por mucho tiempo conceptos como trabajo en equipo, metas y objetivos de equipo e individuales, son llamados equipos auto administrados, por lo que únicamente requieren a un líder coaching, que los dirija, los cuestione y los haga reflexionar para que ellos mismo se comprometan y se responsabilicen completamente de sus resultados. La influencia del líder es tan profunda en los colaboradores en este nivel, que a éstos los llamaremos líderes de resultados, ellos visualizan al líder como un coach, un inspirador y de un alto respeto debido a que ha desarrollado a otras personas como líderes. Las habilidades aplicadas son principalmente que el 80% de su tiempo se ve involucrado con su personal con el objetivo de desarrollarlo como líder de resultados, da seguimiento en forma de coaching a sus colaboradores, delega el trabajo con el único objetivo de desarrollar a su personal en tareas que les servirán para desarrollar habilidades de liderazgo. Los resultados obtenidos se deben principalmente a que el equipo de alto desempeño cuenta con muchos líderes por resultados que saben perfectamente el papel que desempeñan en el equipo, las metas y objetivos son logrados a corto, mediano y largo plazo y han transformado a la empresa solamente en su área de influencia. El reconocimiento de los resultados es única y exclusivamente para los colaboradores y no para los líderes, para los miembros del equipo de alto desempeño hay un alto valor de humildad, respeto y reconocimiento por los colaboradores que "hacen" el trabajo y no por los que dirigen el trabajo, de no llegar a los resultados propuestos, los únicos responsables son el equipo de alto desempeño conformado por varios líderes por resultados, ante la junta directiva ellos son los únicos determinados a llegar a las metas que ellos mismos propusieron. El líder transformacional es el autor del desarrollo de otros líderes por resultados, aplicando diversos métodos y programas de desarrollo de habilidades como:

1. Exponerlos a cambios radicales y críticos (Proyectos ambiciosos).
2. Rotarlos a puestos donde no cuenten con competencias y experiencia.
3. Pasarlos por áreas de su especialidad fuera del actual.
4. Aceptar el coaching.
5. Aceptar la mentoría.
6. Capacitación tradicional teórica.

Este tipo de programas ya fue pasado por el líder transformador y por tanto, este nivel se caracteriza por ser un verdadero liderazgo transformador que requiere la industria, el gobierno y la sociedad para el siglo XXI. Llegar a este nivel requiere tiempo, esfuerzo, disciplina, persistencia, perseverancia, constancia, valores y sobre todo la aplicación del conocimiento adquirido. La prueba de este nivel es saber cuántas personas haz formado en temas de auto administración, auto gestión, comprometidos y responsables de sus resultados, ellos mismos colocan sus metas y objetivos, son considerados líderes por resultados.

5. Personalidad (Líder transformacional dedicado a innovar empresas)

El desarrollo de personas produce un impacto increíble por largo PLAZO en las organizaciones y empresas, tanto del sector privado, como público, en la sociedad y sus sectores, pero sobre todo hay un impacto enorme en el desarrollo de la gente. El nivel 5 es prácticamente el nivel 4 pero llevado a cabo por muchos años, inclusive décadas de desarrollo de personal, pero principalmente aplicando los programas de desarrollo de liderazgo a cientos y a miles de personas a lo largo de una trayectoria de liderazgo transformacional.

LIDERAZGO TRANSFORMACIONAL

Posterior a revisar los conceptos básicos del liderazgo, nos podemos enfocar en el nivel 3 y 4 utilizando como referencia el libro del autor norteamericano John C. Maxwell, los 5 niveles del liderazgo, visto en la anterior sección del capítulo 2.

El nivel 3 se refiere al inicio del desarrollo de un verdadero líder transformacional, esta parte del libro hablaremos de las características y habilidades del líder transformacional. El tema de liderazgo es muy amplio, muy desarrollado por infinidad de autores, la internet está plagado de cursos, páginas de web, blogs, definiciones, y evitaremos hablar de los ciento o miles de libros que se han escrito sobre este tema tan importante y muy redundante y nos enfocaremos en las definiciones de John C. Maxwell.

Te presentaré a continuación 9 habilidades que a mi parecer es lo requerido para desarrollar al líder transformacional, estas habilidades fueron definidas en una revisión de diferentes líderes que aún están vivos y algunos han fallecido, pero que son reconocidos por la sociedad y por el mundo empresarial como líderes innovadores o para nuestro caso, líderes transformacionales.

Los líderes que revisamos sus definiciones y sus habilidades son por ejemplo:

1. John C. Maxwell, es un autor que ha escrito más de 60 libros, su principal tópico que ha desarrollado es el tema de liderazgo. Sus principales títulos incluyen: Las 21 leyes irrefutables del liderazgo, Las 21 cualidades indispensables de un líder, Líder de 360°, Los 5 niveles de Liderazgo, entre muchos otros.

2. Peter Drucker, reconocido escritor que colocó las bases de la administración empresarial del siglo XX. Autor de más de 35 libros, sus conceptos fueron utilizados para la creación de la Corporación del Siglo XX.

3. Jack Welch, empresario estadounidense. Fue elegido Ejecutivo del siglo XX. En 1981 pasó a ser el octavo director general de General Electric. Se le conoce por su extraordinaria transformación empresarial que realizó en la última parte del Siglo XX, generando ventas en la compañía por más de 400.000 millones de dólares, transformándola en una de las empresas más grandes del mundo.

4. Steve Job, un empresario norteamericano que fue cofundador y presidente ejecutivo de Apple Inc. Fundó Apple en 1976 junto con un amigo, Steve Wozniak.

5. Sam Walton, fue un empresario estadounidense, se le reconoce por haber fundado las tiendas minoristas más importantes de Estados Unidos y del mundo, Wal-Mart y Sam's Club.

6. Stephen Covey, escritor y conferencista norteamericano, reconocido por ser el autor del libro de gran venta: *Los siete hábitos de las personas altamente efectivas.*

7. Salvador Alva, es un reconocido líder empresarial con una sólida trayectoria en diversas compañías de clase mundial, se ha destacado por impulsar una cultura de transformación organizacional. Es reconocido porque fue por más de 20 años el Presidente de Pepsico Latinoamérica, desarrollando marcas líderes como Sonric's y posicionando a la marca Sabritas como líder en toda Latinoamérica.

La revisión de los anteriores autores y que coincidían en la habilidad descrita nos hizo definir las siguientes habilidades que las describiremos brevemente para posteriormente utilizar los conceptos con mayor profundidad en el capítulo 4.

HABILIDADES PARA DESARROLLAR AL LÍDER QUE ESTÁ EN NOSOTROS

1. **VISIÓN CLARA DE LO QUE QUIERES Y HACIA DÓNDE TE DIRIGES.**
2. **INICIATIVA (Buscar nuevos proyectos y trabajar en donde otros no lo han hecho).**
3. **COMUNICACIÓN CLARA Y CONCRETA (Compartir y asegurar el entendimiento).**
4. **ADAPTARSE A LOS CAMBIOS (ser flexible).**
5. **TRABAJAR EN EQUIPO (todos tenemos un rol donde mejoramos habilidades).**
6. **APRENDER CONTINUAMENTE (el conocimiento es parte del crecimiento).**
7. **DESARROLLAR GENTE Y SER COACH (líderes creando otros líderes).**
8. **CREAR VALOR ECONÓMICO (enfocarse al resultado de la organización).**

9. PROMOVERSE A SI MISMO (difundir los logros de la organización).

Tomando como definición lo que es una habilidad: **Capacidad y destreza para hacer algo; Cosas que una persona ejecuta con gracia y destreza** (Referencia: *Diccionario de la Real Academia de lengua española (DRAE)* La 22.ª edición, publicada en 2001).

Cunado revisamos los 5 niveles del liderazgo, se revisó el nivel 3 en el que definimos las habilidades aplicadas en este nivel las cuales son:

1. facilitar las tareas y actividades de cada uno de los colaboradores,

2. servir de guía en las tareas y principalmente autorizar recursos para que sus colaboradores se desempeñen en sus actividades,

3. tener una visión clara de hacia dónde se dirige,

4. tener claridad de los resultados que se requieren y

5. aplica los valores, cultura y filosofía de la organización.

La base de este nivel que se caracteriza por herramientas para desarrollar equipos de alto desempeño, por lo que, para desarrollar este nivel al máximo primero se tiene que trabajar en el desarrollo de equipos de alto desempeño.

Posteriormente al revisar las habilidades que requiere un líder transformacional de acuerdo a la opinión y punto de vista de varios líderes de finales del Siglo XX, definimos un perfil de HABILIDADES PARA DESARROLLAR AL LÍDER QUE ESTÁ EN NOSOTROS, por lo que cruzar entre las habilidades que requiere el líder en el nivel 3 según Maxwell y las HABILIDADES PARA DESARROLLAR AL LÍDER QUE ESTÁ EN NOSOTROS, tenemos la siguiente tabla:

Tabla de cruce entre habilidades del Nivel 3 según Maxwell y las HABILIDADES PARA DESARROLLAR AL LÍDER QUE ESTÁ EN NOSOTROS.

Habilidades para desarrollar al líder que está en nosotros	Habilidades requeridas en el nivel 3 según Maxwell
1. VISIÓN CLARA DE LO QUE QUIERES Y HACIA DÓNDE TE DIRIGES.	• Tener una visión clara de hacia dónde se dirige
2. INICIATIVA (Buscar nuevos proyectos y trabajar en donde otros no lo han hecho).	• Servir de guía en las tareas y principalmente autorizar recursos para que sus colaboradores se desempeñen en sus actividades. • Tener claridad de los resultados que se requieren.
3. COMUNICACIÓN CLARA Y CONCRETA (Compartir y asegurar el entendimiento).	• Facilitar las tareas y actividades de cada uno de los colaboradores.
4. TRABAJAR EN EQUIPO (todos tenemos un rol donde mejoramos habilidades).	• Aplica los valores, cultura y filosofía de la organización.

La tabla nos refleja que ambas fuentes consultadas (Líderes del SXX y Nivel 3 de John Maxwell) coinciden con las necesidades que requiere el líder transformacional para afrontar los retos de las empresas y de la sociedad para el SXXI. Esta tabla simplemente nos indica la necesidad de desarrollar habilidades y actitudes que nos definen los líderes haciendo hincapié en 4 habilidades (columna izquierda) y las determinadas en el nivel 3 de Maxwell, sin embargo, desarrollaremos las 9 habilidades para desarrollar el líder que está en nosotros.

NO hay duda que existe en el mundo una escasez de líderes que sean agentes de cambio, para ello, reflexionemos un momento la siguiente situación eres dueño de una empresa, ¿a quién pondrías para dirigirla?, dirigiendo a tu país, ¿a quién pondrías para dirigirlo?. Las preguntas anteriores nos hace reflexionar que no colocaríamos a cualquier persona, lo que nos aseguraríamos es que fuera una persona responsable, íntegra, honesta y con un gran conocimiento técnico del negocio. Sin embargo, hoy ya no es suficiente este tipo de capacidades, se requiere una mayor concentración de habilidades sobre inteligencia emocional y liderazgo, pasando a segundo término el conocimiento técnico que anteriormente era una prioridad. Aclaramos que el conocimiento técnico hoy es algo inherente de cualquier puesto laboral en las empresas, en el gobierno o en la sociedad, es decir, se da por hecho que debe contarse con tal conocimiento.

Ahora definiremos las HABILIDADES PARA DESARROLLAR AL LÍDER QUE ESTÁ EN NOSOTROS, todas y cada una de las siguientes habilidades son parte fundamental en el desarrollo del líder, algunas de ellas deben llevarse a cabo poco a poco y de forma consecutiva, mientras que otras habilidades deben desarrollarse en forma paralela a otras desarrollándose al mismo tiempo. TODAS Y CADA UNA DE ESTAS HABILIDADES PUEDEN APLICARSE A SU EQUIPO DE TRABAJO, A SU GENTE DE INFLUENCIA INMEDIATA (Jefes inmediatos, puestos del mismo nivel, colaboradores fuera de tu equipo de trabajo) Y A TODAS LAS PERSONAS QUE TENGAS INVOLUCRADAS DIRECTAMENTE O INDIRECTAMENTE. Para este tema de influencia para diversos niveles dentro de la compañía, te recomiendo encarecidamente el libro "Líder de 360°" del autor Norteamericano John C. Maxwell. En el capítulo 5 veremos cada una de estas habilidades para desarrollar junto con sus ejercicios, por lo pronto, las definiremos y describimos a continuación:

1. **VISIÓN CLARA DE LO QUE QUIERES Y HACIA DÓNDE TE DIRIGES.**

Es la imagen que se crea una persona, organización o cualquier otro tipo de entidad que aspire a un futuro diferente a la posición actual que tiene. La imagen tiene que ser de un futuro diferente al actual, pero con una ambición que proponga la motivación y la realización del cambio de estatus.

El futuro propuesto tiene un camino, en éste también se describen los obstáculos y cada uno de los altercados que se "visualizan" hasta la llegada a la visión propuesta. Hoy se tiene una posición "A" con sus características, llegaste a esta posición debido a los pensamientos, cultura, valores, conocimiento, etc., que tienes y que has desarrollado, sin embargo, para llegar a una posición "B" habrá que cambiar y modificar los pensamientos, cultura, valores, conocimiento, etc., que a posicionarse en el punto "B", es claro que este punto es mucho más ambicioso, más retador y con una posición mucho mejor y diferente al punto "A". La llamada visión empresarial es creada por la persona encargada de dirigir la empresa, y quien tiene que valorar e incluir en su análisis muchas de las aspiraciones de los agentes que componen la organización, tanto internos como externos, una vez que se tiene definida la visión de la empresa, todas las acciones se fijan en este punto y las decisiones y dudas se aclaran con mayor facilidad. Todo miembro que conozca bien la visión de la empresa, puede tomar decisiones acorde con ésta. En éste punto es donde el líder toma una visión propia o igual a la de la empresa fomentando a todos y cada uno de sus colaboradores el logro de la visión en base al trabajo en equipo, trabajo productivo, coordinado, enfocado y asegurando que esta visión lleva a un beneficio hacia todos de alcanzarla en el tiempo y forma que es marcada por el líder. La completa creencia del líder en el logro de la visión es la clave de este punto, ya que se verá obstaculizado el camino hacia ella, de tal forma que se verá forjado su temperamento y carácter en el camino para alcanzar la visión. Un líder transformacional que no cuenta con una visión personal difícilmente podrá entender cómo crear y transmitir la suya propia alineada a la visión de la empresa, por eso inicia creando y definiendo una visión personal a 3 años, es decir, ¿qué serás?, ¿qué harás? y ¿qué tendrás en un periodo de 3 a 5 años?.

2. INICIATIVA (Buscar nuevos proyectos y trabajar en donde otros no lo han hecho).

La iniciativa no solo es hacer lo que no nos han dicho que tengamos que hacer, más allá de este afirmación, es buscar las actividades proyectos, acciones, etc., que estén fuera de los círculos de influencia del líder y que impacten en sus objetivos, e inclusive que impacten en la visión de la persona o empresa. Si la visión es la habilidad que nos marca el camino hacia un futuro mejor, la iniciativa es la acción que debe llevarnos hacia el futuro prometedor. La capacidad de formar una visión clara y concreta de un futuro es el principio que todo líder requiere y es un paso fundamental para iniciar el camino, sin embargo, la acción con iniciativa es el complemento fundamental de la visión, de no darse esta última, no se hace el paso de iniciativa; pero tener la claridad de lo que se desea o se quiere a futuro (visión) NO es suficiente para llegar a nuestro punto "B", invariablemente e indudablemente si el líder pone acción e iniciativa para llegar a su visión, ésta será conseguida. La convicción del logro de la visión es la mejor herramienta que tiene el líder transformacional para poder influir en la gente, ya que ha entendido perfectamente los beneficios en el logro de ésta, la principal herramienta de esta habilidad es el trazado del plan de trabajo hacia la visión, previniendo cualquier tipo de contratiempos, obstáculos o barreras, de tal forma que visualices las acciones alternas y jamás desviarte del camino.

La visión y lo objetivos están hechos en piedra, el plan de trabajo está hecho en arena, de tal forma que no se modifica la visión, lo que se va modificando por las circunstancias que se presentan es el plan de trabajo, las diversas formas de llegar a la visión es lo que modificamos. La iniciativa es la habilidad que desarrollamos para encontrar siempre acciones y actividades que nos lleven al logro de la visión, mantenernos concentrados y enfocados buscando esas actividades es la principal clave para el desarrollo de esta habilidad.

3. COMUNICACIÓN CLARA Y CONCRETA (Compartir y asegurar el entendimiento).

La comunicación de cualquier tipo de información no solo es difundirla, lo más importante del comunicado es asegurar que la información fue entendida y aplicada; para el caso de comunicación de metas objetivos, visión, valores, resultados, no solo basta con difundir cada uno de este tipo de rubros, cada uno requiere de diferentes mecanismos y metodologías de entendimiento que deben desplegarse a lo largo y ancho de la compañía, lo anterior, debido a cada información va dirigido a un tipo de persona y por tanto es el método o metodología de entendimiento que debe aplicarse. Cabe aclarar que este es un tema muy poco utilizado por las empresas, ya que únicamente se usa la parte de difusión y comunicación, sin asegurar el entendimiento del personal. La habilidad de poder conectarse con el equipo de trabajo del líder y comunicar el entendimiento de la visión, objetivos, metas, valores, entre muchas otras cosas importantes, se debe principalmente a la cercanía personal que el líder ha desarrollado con anterioridad en base a su inteligencia emocional. La clave de esta habilidad es el contacto directo con las personas que requieres comunicarte y entablar un diálogo abierto y en dos vías, escuchar a tus colaboradores, o cualquier persona que se pretende comunicar algo.

4. ADAPTARSE A LOS CAMBIOS (ser flexible).

Hoy en día la modificación y cambios en las circunstancias o condiciones en las que laboramos son muy sensibles, no solo por el entorno del mercado en el que vivimos actualmente, sino, en la diversidad de condiciones en el comportamiento humano de las personas con las que trabajamos, esto hace que tengamos que cambiar y modificar nuestra forma de trabajar, nuestra actitud y por supuesto nuestro pensamiento, lo que nos hace ser flexibles ante los cambios de cualquier índole y adaptarnos inmediatamente a éstos sin que perjudique nuestra condición de trabajo o estabilidad mental. Es muy claro, que este tema de los cambios es uno de los más difíciles que pueda enfrentarse la persona dentro de una organización, debido a la propia condición humana de mantenernos dentro de una zona de confort, aislados de riesgos e inseguridades que existen en el entorno. Debemos mostrarnos completamente conscientes en nuestra mente que los cambios son parte fundamental del crecimiento de un líder, de no existir cambios o modificaciones en nuestra zona de confort, difícilmente podremos lograr forjarnos como "lideres transformacionales". La clave en el desarrollo de ésta habilidad es mantenerse cambiando nuestra zona de confort, retar nuestros miedos, ver hacia donde otros no han visto, provocar cambios en forma premeditada, cambiar nuestras rutinas, etc., de esta forma cuando los cambios NO previstos se presenten, estarás 100% consciente de que es una gran oportunidad para aprender y expandir la zona de confort y por tanto debemos adaptarnos lo más rápido posible a los cambios que se presenten, de lo contrario será más difícil y complicado la adaptación y por tanto la inflexibilidad al cambio será la constante en nuestro camino. "La mejor actitud ante un cambio es enfrentarse a él de forma activa, en lugar de evitarlo".

5. TRABAJAR EN EQUIPO (todos tenemos un rol donde mejoramos habilidades).

La habilidad de trabajar en equipo nace con la genuina intención de lograr alcanzar los objetivos planteados en el equipo, así como, en ayudar y apoyar a los demás miembros con el único interés del logro propuesto. La base en el desarrollo de la habilidad de trabajar con diferentes personas, no está en todas las herramientas para desarrollar equipos de alto desempeño, la base radica en la habilidad de trabajar con diferentes pensamientos, diferentes formas de trabajo, diferentes perspectivas y sobre todo trabajar con personas diferentes a nosotros mismos; y bien, la clave del desarrollo de esta habilidad de trabajar en equipo es desarrollar tu inteligencia emocional, tu tolerancia y respeto por los demás y por aceptar tal como es cada uno de los miembros del equipo que tiene habilidades diferentes a las nuestras. El líder debe identificar dentro del equipo, las capacidades, habilidades y actitudes de cada miembro del equipo, de esta forma podrá potencializar los resultados con mayor eficiencia y eficacia. Lo anterior toma como base que todos y cada uno de nosotros tenemos extraordinarias habilidades y capacidades explotadas y no explotadas de tal forma que podamos ponerlas para el logro de los objetivos del equipo y para potencializar habilidades aún no desarrolladas. La habilidad de trabajar, coordinar, comunicar, ayudar y apoyar a otros miembros del equipo está basado en el coeficiente emocional de cada uno de ellos, de tal forma, que al detectar una gran diferencia en el coeficiente emocional de los participantes, el líder deberá tomar las acciones pertinentes para mejorar el balance emocional de los más desprotegidos en este rubro. Existe una gran cantidad de herramientas, metodologías y sobre todo literatura en el arte del trabajo en equipo, no te pierdas en la implementación de herramientas o metodologías nuevas y probadas con eficiencia, el punto clave es la inteligencia emocional de los miembros del equipo y en base a su coeficiente emocional elevado podrán tener la capacidad y habilidad de convertirse en un equipo de alto desempeño. El líder del equipo no solo es el responsable de detectar el coeficiente emocional de cada uno de los miembros que participan, además, debe comprometerse a desarrollarla, mantenerla y mejorarla con cada uno de ellos, de lo contrario, grandes problemas y obstáculos se tendrán solamente en la adaptación entre los miembros del equipo, desenfocándose en los objetivos y metas propuestas.

6. APRENDER CONTINUAMENTE (el conocimiento es parte del crecimiento).

El conocimiento adquirido es y seguirá siendo siempre la base del crecimiento, no solo de un líder transformacional, sino de cualquier persona que desee o aspire mejorar en su persona, El conocimiento técnico fue la clave del crecimiento de los últimos 200 años de la era industrial, para finales del Siglo XX ha cambiado la situación drásticamente que aún millones y millones de personas siguen atadas al modelo de aprendizaje tradicional. Lo anterior, no quiere decir que el conocimiento técnico adquirido sea un desperdicio de tiempo y esfuerzo en licenciaturas, diplomados, especializaciones, maestrías, o inclusive doctorados, más bien, hoy en día ya no es la prioridad en la selección o inclusive en el ascenso laboral de las personas, es un requerimiento que todos debemos cumplir, debido a que una enorme cantidad de personas YA CUENTA TAMBIÉN CON EL MISMO CONOCIMIENTO TÉCNICO ADQUIRIDO QUE TU Y YO, por lo que ya no existe una gran diferenciación entre las personas con potencial laboral ya que hoy existen grandes facilidades para matricularse en una carrera universitaria, sea presencial, en línea u otras modalidades. El conocimiento adquirido es y seguirá siendo la base de crecimiento sostenido de una persona con deseos de llegar a convertirse en un líder transformacional, jamás dejemos de aprender de los libros, de los cursos, de las personas, del conocimiento de las empresas, de la experiencia de otras personas, de tus colaboradores, tus jefes, pero sobre todo de los líderes que tú reconoces. Hoy en día al final de la era de la información, la prioridad en el conocimiento es la experiencia o dicho de otra forma, del "CONOCIMIENTO APLICADO". Podemos ver en muchas partes del mundo gente sustituida por personas más jóvenes que se les paga menos por el mismo puesto que tu desarrollas y que te vuelves un pasivo innecesario y ser sustituida por la simple automatización y muchas otras razones ajenas a este tema, el líder del siglo XXI se le medirá su conocimiento no por sus títulos académicos, nombramientos honoríficos, su puesto en la empresa o simplemente por los años que ha estado en esta, se le medirá por el conocimiento aplicado y que se refleja en los logros obtenidos, esto no es nada nuevo, lo que sí es nuevo y es el reto del líder transformador es acumular una gran cantidad de información, procesarla y aplicar la mayor cantidad de información de tal forma que los resultados sean más rápidos, eficientes y sostenibles. Seguimos enfocándonos en seguir adquiriendo conocimientos a través de títulos universitarios, libros, revistas, artículos dejando de lado la aplicación de estos conocimientos en forma práctica, rápida y con resultados visibles. La información es demasiada para procesar, es por ello que el líder transformacional debe adquirir habilidades de aprendizaje y conocimientos, pero aplicándolos de forma inmediata. La clave para desarrollar esta habilidad es la de encontrar un mentor, un guía, alguien que te proporcione ese conocimiento aplicado más apreciado, para que solo tú puedas aprenderlo y aplicarlo, es prioritario para el líder buscar y comprometerse con un mentor con conocimiento, experiencia, pero sobre todo con grandes logros en todos sus ámbitos de la vida. El principio básico es reconocer para ti quien es un líder, quien puede llevarte como su aprendiz y él como tú mentor, esta es la tarea más difícil, ya que en el libro estamos hablando de que no existen líderes en el mundo y para esta habilidad requieres un líder; bueno, asegúrate de cubrir un perfil en la búsqueda de tu mentor, simplemente reconoce que te puede guiar principalmente en el conocimiento aplicado, dándote referencias de cómo y dónde lo puedes aprender. Es prioritario para el desarrollo de esta habilidad un mentor del conocimiento aplicado.

7. DESARROLLAR GENTE Y SER COACH (líderes creando otros líderes).

Como vimos en el nivel 4 según Maxwell, este nivel se caracteriza por el desarrollo de otros líderes iguales o mejores que tú mismo. Es claro que para llegar a desarrollar este tipo de habilidad deberás desarrollar, mantener y mejorar las 6 habilidades anteriores, de lo contrario, será muy difícil que llegues a ser un formador de líderes. El principio me parece que es claro, no puedes desarrollar a otros líderes si tú no lo eres, es por ello que el camino que te muestro es para que vayas adquiriendo habilidades al mismo tiempo o en forma consecutiva (esto se verá en el capítulo 5). Para desarrollar otros líderes transformacionales el punto clave está en la selección de los candidatos y hacerlos pasar por un programa diseñado en base a:

1. Exponerlos a cambios radicales y críticos (Proyectos ambiciosos).
2. Rotarlos a puestos donde no cuenten con competencias y experiencia.
3. Pasarlos por áreas de su especialidad fuera del actual.
4. Pasarlos por áreas que no son su especialidad fuera del actual.
5. Aceptar el coaching.
6. Aceptar la mentoría.
7. Capacitación tradicional teórica.

Este programa es la clave en el desarrollo de otros líderes, asegúrate que tú hayas pasado por este tipo de programas de tal forma que entiendas los retos y la problemática a la que se enfrentarán los que ingresen al programa, a través de éste será la forma en que podrás ser un coach y mentor al guiarlos, dirigirlos y exponerlos a la experiencia de líder transformacional.

8. CREAR VALOR ECONÓMICO (enfocarse al resultado de la organización).

Este tema parece fácil de entender, debido a que cuenta con la palabra económico y por tanto lo relacionamos directamente al dinero, y si, tienes razón si de esta forma lo pensaste, pero para entenderlo con mayor profundidad y que el líder tenga muy claro qué debe buscar, en donde y con quien, empecemos definiendo que la creación de valor NO es incrementar la rentabilidad de la compañía a través de reducir los costos e incrementar las ventas, lo anterior es una fórmula clásica si tu objetivo es aumentar la rentabilidad de la empresa, pues debes enfocarte en disminuir los costos asociados a los procesos de manufactura y/o de servicios y para aclarar un poco más este punto de la rentabilidad; Taiichi Ohno es reconocido principalmente por el creador de la herramienta Just in Time (JIT), fue también, iniciador en Japón de la metodología que en Occidente le llamaron Lean Manufacturing (Manufactura esbelta), este gran directivo de la empresa Toyota a mediados de los 50's, inicio implementando técnicas de disminución de desperdicios (reducción de costos) a lo largo de la manufactura de productos y servicios y afirmando que: desde la recepción del pedido del cliente hasta el intercambio comercial (producto/dinero), todos los desperdicios generados en nuestros procesos para esa entrega son pagados por el cliente; lo anterior nos abre la puerta para entender otro concepto que es inherente a nuestra definición y es el término de "CREACIÓN" y el término de "GENERACIÓN", ambos diferentes, aunque similares y confundidos en la práctica para implementar verdaderos proyectos de creación de valor económico. La creación se refiere a establecer o introducir por vez primera algo nuevo, hacerlo nacer y desarrollar, mientras que el término de generar se refiere a producir algo en forma repetitiva de tal forma que reproduces de nueva cuenta algo ya generado o producido. En términos más concretos nuestra definición de CREACIÓN DE VALOR ECONÓMICO se refiere a incrementar las ventas adicionando dinero a la compañía, independientemente que se disminuyan los costos y por tanto incremente la rentabilidad. Nuestra definición es aumentar los ingresos (Ventas) a través de adicionar nuevos procesos, nuevos servicios e inclusive nuevas áreas; el líder transformacional debe tener muy claro el tipo de proyectos que debe iniciar con su equipo de trabajo para verdaderamente agregar valor económico a la empresa, te daré algunos ejemplos que hemos visto en diferentes industrias y que han agregado valor a la compañía:

- Existen en el mundo grandes empresas que se dedican a la logística y distribución de productos y partes, transporte de sus propios productos o productos de otras empresas, "agregar valor económico" es que adicionen a su red de distribución el servicio de mensajería y paquetería a terceros. Lo anterior no es nuevo, será nuevo para las empresas que lo implementen y por tanto, crean valor económico a la empresa.

- Empresas que cuentan con áreas de producción y manufactura de sus propios productos, inicien el proyecto de maquila de productos similares, iguales o diferentes, inclusive se puede maquilar productos de la misma competencia, este es agregar valor económico.

- Muchas empresas cuentan con almacenes para sus propios productos, insumos generales, entre otros, crear valor económico con un proyecto para almacenar otro tipo de productos completamente diferentes a los tuyos a empresas fuera de tu ramo industrial.

- Dentro de muchas empresas, estas mismas cuentan con personal propio para llevar la contabilidad, el pago de nóminas, pago a proveedores, pago de servicios, entre los más importantes, pues este servicios lo puedes poner a disposición de otras empresas, iguales, similares o de diferente sector industrial, creando valor económico para la empresa.

- Muchas industrias cuentan con plantas de tratamiento de aguas residuales para sus propias descargas y cumplir con la normatividad ambiental vigente en cada país, un proyecto de creación de valor económico es que la empresa tratará el agua residual de otras empresas o inclusive de la comunidad que impacta.

- Miles de empresas de diferentes sectores industriales, cuentan con "Hornos", como la industria del cemento, la industria metal mecánica, la industria de la cerámica, entre otras; estas empresas pueden crear valor económico al cobrar a diferentes tipos de clientes la quema de desperdicios orgánicos, asegurando el cumplimiento legal ambiental.

También se puede confundir nuestra habilidad de crear valor económico con el concepto de productividad que se refiere a: producir más bienes y servicio con menos o los mismos recursos utilizados; la creación de valor económico es exclusivamente incrementar los ingresos de la compañía con algo que antes NO lo hacías, y ahora sí. El líder transformacional debe poner a su equipo de trabajo en proyectos de creación de valor económico para la compañía al utilizar todas las habilidades que el equipo de alto desempeño ha generado a lo largo del tiempo. Cabe aclara que, el equipo de alto desempeño junto con el líder transformacional, no debe dedicarse exclusivamente a proyectos de creación de valor económico, también debe realizar proyectos de disminución de costos e incremento de ventas.

9. PROMOVERSE A SI MISMO (difundir los logros de la organización).

Este punto se refiere exclusivamente para promover lo que se ha hecho en los puntos 7 "Desarrollo de Líderes y 8 "Creación de valor económico", teniendo siempre en cuenta el líder a promoverse que debe colocar en todo momento lo que se ahorró, se generó y por tanto, crecieron las ventas y aumentó la rentabilidad, es decir, relacionar todas y cada una de las acciones de los líderes que desarrollas y los proyectos de valor creados en términos "MONETARIOS". Éste es el idioma de todos los directivos, de todos los que toman decisiones y por tanto, los que pueden promover cambios profundos en la compañía y entonces se te reconocerá como el Líder transformacional o en algunos libros también llamados, líderes del cambio. El líder debe asegurar siempre que cada proyecto desarrollado de cualquier tipo los resultados sean sostenidos, duraderos y sobre todo que las actividades que los soportan estén estandarizados, administrados por procesos e incluidos formalmente dentro de los sistemas de gestión de la organización, de lo contrario, todo lo realizado simplemente será pasajero y no sostenible a largo plazo. El líder debe asegurarse de contar con foros en todos los niveles, principalmente con la gente que tiene la toma de decisión; 3 foros al menos podemos identificar y en base al tamaño de la empresa, serán las repeticiones en cada uno de los niveles de la presentación de los resultados, es decir, si existen en la empresa más de 10 personas de alto nivel deberán programarse 2 foros en este nivel, de igual forma, los mandos medios, de existir más de 40 personas, se deberán realizar más de dos foros y en el tercer nivel, si existen más de 100 trabajadores, deberán programarse más de 4 foros e inclusive en diferentes horarios. El objetivo de esta habilidad es la de mostrar los resultados de mayor impacto generados con su liderazgo para promoción del equipo y del líder mismo.

INTELIGENCIA EMOCIONAL PARA EL LIDERAZGO

En los dos primeros capítulos mostramos en forma separada los conceptos de inteligencia emocional y liderazgo, ahora mostraremos ambos conceptos fusionados y lo que el líder transformacional debe estar enfocado a proporcionar a la empresa, y de nueva cuenta, los temas que veremos no son limitativos, pero si deben ser parte del trabajo del líder emocional.

En este capítulo mostraremos los temas de mayor impacto que debe tener el líder transformacional y tener claridad del resultado que debe proporcionar como la creación de un equipo de alto desempeño, así como, la formación de otros líderes y por último, la rendición de cuentas como la forma de promover a los miembros del equipo y otros líderes. En general, parece poco lo que tiene que enfocarse el líder transformacional, pero es todo lo que hay dentro de cada tema, y el trabajo previo lo que formará en la práctica al líder emocional.

Estos temas anteriores deben ser desarrollados exclusivamente por el líder transformacional, el líder en desarrollo o en entrenamiento bajo un mentor. Veamos desde el enfoque del líder emocional o transformacional, lo que se requiere como principales temas en la gestión del líder del SXXI.

LA NECESIDAD (UN RESULTADO)

La relación de la inteligencia emocional y el liderazgo es un concepto relativamente joven que no tiene más de 10 años de empezar a estudiar la relación de incrementar la inteligencia emocional para ejercer un liderazgo más efectivo e influir en la gente de una manera positiva, autores como Sosik y Megerian (1999) afirmaron la relación como una forma contundente de desarrollar un liderazgo a través de madurar las dimensiones de la inteligencia emocional. Años más tarde, otros autores también aseguraron la relación primordial que ejerce la inteligencia emocional para un liderazgo efectivo (Coetzee & Schaap, 2004; Higgs & Aikkien, 2003; Barbuto & Burbach, 2006).

En este capítulo determinaremos la gran importancia y relevancia que tiene la inteligencia emocional para ejercer el liderazgo transformacional sobre una visión, objetivo o simplemente implementar convicciones y valores.

Es muy claro que, a finales de los 90´s el concepto de inteligencia emocional en el ámbito aplicativo, como lo es en la industria, el gobierno y la sociedad, no se consideraba como una herramienta de desarrollo personal, menos como una herramienta de desarrollo de líderes. Pero en los últimos 10 años los autores han considerado prioritario el desarrollo de la inteligencia emocional para un liderazgo transformacional y por tanto, como una extraordinaria herramienta para transformar a las organizaciones en medio de un caos financiero y económico, así como, una enorme competencia global en los productos y servicios, hoy más que nunca, las empresas requieren personas que estén liderando cambios profundos en las organizaciones a través de influir en los trabajadores que participan en los procesos que agregan valor al cliente. Lo anterior hace que se vuelve prioritario el tema de liderazgo emocional, sobre todo porque en los últimos 15 años la competencia global que existe en los mercados del mundo se ha incrementado enormemente, la demanda se disminuye, mientras que la oferta de productos y servicios crece día a día, provocando la quiebra de países, el cierre de enormes corporativos: grandes marcas que hace años eran enormes compañías que lideraban los mercados en uno o dos continentes, hoy son simples compañías que están a punto de desaparecer o simplemente no son los líderes de los mercados que solían tener; ejemplo de ello es la Compañía Apple Corp. para finales del 2013 el precio de la cotización fue de $76 USD, mientras que al cierre del 2014 el precio por acción fue de $110 USD; mientras que Sony en el mismo periodo y tomado la fuente del New York Stock of Exchange, (http://mx.investing.com/equities/sony-advanced-chart?cid=30228)   en Feb del 2015, su valor para finales del 2013 fue de $17.3 USD y el valor por cada acción para finales del 2014 fue de $20.5 USD.

La facturación de Sony Corp. para el 2014 fue de: 66,822 millones de Dólares

http://www.sony.net/SonyInfo/IR/financial/fr/FY13_Consolidated_Financial_Statement.pdf

Mientras que para Apple, Inc. para el 2014 fue de: 199,801 millones de Dólares

https://www.apple.com/es/pr/library/2015/01/23FY-15-First-Quarter-Results-Conference-Call.html
https://es-us.finanzas.yahoo.com/q/is?s=AAPL

El 70% de las ventas de Apple, Inc, se sustentan en únicamente 2 productos, lo cual hace poner en un alto riesgo la facturación de la empresa estadounidense y poner una duda enorme en el futuro de la compañía, su proceso de innovación tuvo un extraordinario éxito en la primera década de los 2000´s, pero se ha visto deteriorada en este aspecto, y otros competidores como Samsung se han visto favorecidos al diversificar su cartera de productos similares.

Me parece que Sony fue líder indiscutible en audio, video, sonido y comunicaciones, en los últimos 30 años del siglo XX, pero para mediados de la primera década del siglo XXI, Apple es y seguirá con una extraordinaria hegemonía mundial en equipo de comunicación si y solo si, sus proccsos dc innovación no se vean empañados por un estancamiento y recesión.

Lo anterior te refleja que el líder dentro de un sector empresarial, jamás podrá estar solo y seguro, siempre habrá más y mejores empresas que están detrás del líder. Una de las grandes herramientas que te mantienen modificando, cambiando y sobre todo "adaptándose" a los cambios tan drásticos del mercado es "El liderazgo transformacional".

Es claro que debemos conocer a fondo a la empresa para poder determinar las grandes deficiencias que cuentan en ese momento, lo que podemos asegurar, y que en este libro lo que desarrollaremos es que con un programa de desarrollo de inteligencia emocional para líderes transformadores, cualquier tipo de obstáculo dentro o fuera de la empresa puede solucionarse y hasta llevarte al liderazgo que anhelas en tu visión, ya que la inteligencia emocional aplicada al liderazgo es un cambio tan profundo en la empresa que transformará a todos y cada uno de los resultados, tanto financieros, como de personal, de procesos, de productos y principalmente de liderazgo. Para muchos la anterior afirmación puede leerse como una herramienta más, una metodología más, otro tema que adicionar a la empresa, la salvación de la empresa está en manos de los líderes, pero si reflexionamos que el liderazgo emocional o transformacional es un cambio tan profundo que cambiará radicalmente los resultados de la empresa, te preguntó amigo lector: ¿Cuándo se ha aplicado un liderazgo con inteligencia emocional en la empresa?

Las empresas deberán entender no solo sus resultados financieros, sino además los de cada grupo de interés: Accionistas o dueños de negocio, clientes, proveedores, personal, sociedad, entre los más importantes, estar conscientes de los resultados que nos solicita, de tal forma que en cada uno de ellos se coloqué a un líder para conseguir estos resultados. Esta determinación de resultados requeridos en la organización será el reto para el líder transformacional, a continuación veremos una figura que ejemplifica los resultados de mayor relevancia para el líder transformacional, cabe aclarar que estos resultados que presentaremos no son limitativos, pueden verse otro tipo de resultados de acuerdo a las necesidades y requerimientos particulares de la organización y de su sector en el que participa.

Figura 12 (Resultados por alcanzar)

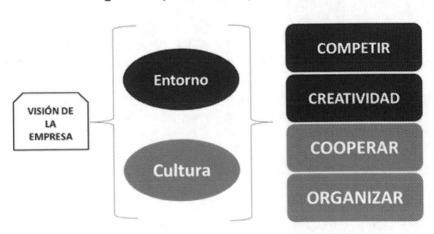

De acuerdo con esta figura, los dos resultados que tiene un impacto en la organización de forma significativa es cuando están orientados hacia el logro de la visón de la empresa; ¿por qué afirmamos lo anterior?, la visión es la declaración de la organización en donde se encontrará dentro de un periodo de 5 años, los resultados que aporten, apoyen y ayuden a que la organización se mantenga durante 5 años competitiva, nos parece que es un resultado muy relevante. El reto del líder transformacional dentro de la organización debe ser siempre la obtención de resultados que transformen, impacten y mantenga a la organización competitiva, flexible, rentable y sostenible, y para ello debe enfocarse en dos temas relevantes que influyen e impactan en el logro de la visión de la empresa, éstos dos temas son la cultura y el entorno de la empresa, y todos los resultados que fijemos en materia de entorno impactarán en dos temas adicionales como lo es mantener competitiva e innovadora a la empresa, por otro lado, enfocar el trabajo del líder en el tema de la cultura nos debe alinear a la organización hacia el logro de las grandes estrategias y objetivos para que sea mucho más fácil alcanzar la visión, este tipo de resultados en la cultura se refiere principalmente en trabajar y enfocarse en los valores de la empresa y cuáles de éstos son los que facilitan el trabajo y los resultados por obtener.

Competitividad

Todos los planes, proyectos, acciones y actividades orientadas hacia el entorno deben estar enfocadas a incrementar la competitividad de la empresa, es decir, que sea más rentable, tomando en cuenta dos resultados muy relevantes como son: reducir costos e incrementar ventas, ambos resultados son directamente relacionados con la rentabilidad de la empresa, por lo que, mantener estos resultados por largo plazo es hacer una empresa sostenible a través de la siguiente ecuación simple:

GANANCIAS = INGRESOS - GASTOS

MAYOR RENTABILIDAD = Disminución de costos + Incremento de ventas

La rentabilidad se refiere simplemente a las utilidades de operación que se incrementan por la reducción de costos en las diferentes áreas de los procesos de manufactura y procesos de servicios, es decir, en los procesos que agregan valor al cliente; también la rentabilidad se refiere a incrementar ventas a través de nuevos clientes, nuevos productos y servicios, nuevas divisiones de negocio, etc., etc.

Dentro de un estado de resultados tradicional que cualquier empresa maneja y reporta para poder determinar todos los gastos que se generan de producir un bien o un servicio, dichos gastos se colocan como un % porcentaje de las ventas generadas.

Los estados de resultados suelen tener el siguiente formato:

> **Ingresos (incrementar ventas)**
> – Gastos operativos (variables) (*Reducir gastos)
> = Margen bruto (operativo) de ganancia
> – Gastos fijos (*Reducir gastos)
> = Ingresos operativos
> +/– Otros ingresos o gastos (no operativos)
> = Ingresos antes de impuestos
> – Impuestos a la renta
> **= Ingresos netos (posteriores a impuestos)**

El líder transformacional debe liderar proyectos y planes de acción encaminados a reducir los gastos operativos y los gastos fijos, de tal forma que incremente los utilidades operativas; de igual forma proyectos, actividades y planes de acción que incrementen las ventas para incrementar los utilidades operativas, ambos resultados deben mantenerse por largo plazo para considerarse una empresa sostenible.

Creatividad

El líder transformacional debe estar enfocado en resultados que tienen relación con la innovación y creatividad de los procesos, productos y servicios de tal forma que agregue valor económico a la organización. Para entender cuál es el tipo de resultado que debe entender el líder transformacional empecemos por la definición de la innovación:

- "Mudar o alterar algo, introduciendo novedades", "Creación o modificación de un producto, y su introducción en un mercado".

Diccionario de la Real Academia Española, Vigésima Segunda Edición.

-   BusinessWeek: *"La innovación es la capacidad de crear y capturar valor económico de la invención"*. De: BusinessWeek, Agosto de 2005

-   OCDE: *"La innovación es nuevos productos, procesos de negocio y los cambios orgánicos que crean riqueza o el bienestar social."*

-   Goldman Sachs: *"La innovación es un pensamiento fresco que crea valor."*

Para cuestiones prácticas del concepto, tomaremos que la innovación es la capacidad que tiene una empresa de crear algún producto o servicio nuevo capturando valor económico para ésta, por tanto, el líder transformacional, debe enfocarse en el resultado de la creación de valor económico hacia la empresa, y lo anterior nos trae la definición antes vista de la habilidad No. 8 de nuestro perfil del líder, ahora este concepto lo vemos como el resultado que tenemos que lograr y recordando nuestra definición de CREACIÓN DE VALOR ECONÓMICO que se refiere a incrementar las ventas adicionando dinero a la compañía, independientemente que se disminuyan los costos y por tanto incremente la rentabilidad. Nuestra definición es aumentar los ingresos (Ventas) a través de adicionar nuevos procesos, nuevos servicios e inclusive nuevas áreas; el líder transformacional debe tener muy claro el tipo de proyectos que debe iniciar con su equipo de trabajo para agregar valor económico a la empresa. En esta misma parte observamos ejemplos de la creación de valor a través de innovar

Figura 13 (Ciclo de Innovación)

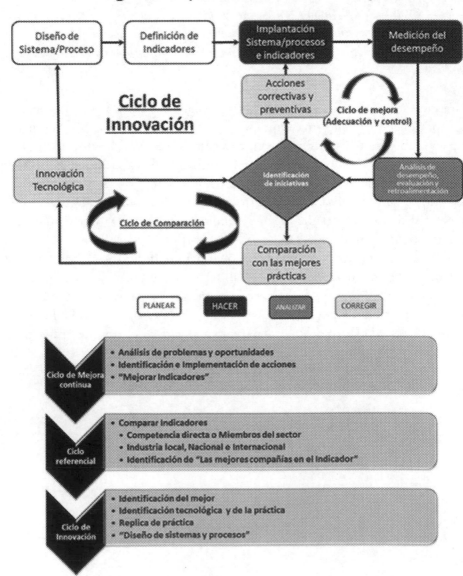

Como vemos en la figura 13, existen 3 ciclos, solamente el ciclo de innovación es parte de las responsabilidades y compromisos del líder transformacional. El primer ciclo que se refiere al ciclo de mejora continua es principalmente responsabilidad de los encargados y los involucrados directamente en cada uno de los procesos, ya que ellos deben mantener en control en la variación del proceso de fabricación o el proceso de prestación del servicio, ellos son responsables de todas las acciones que mantienen el cumplimiento en la especificación y requerimientos del producto y del servicio solicitados por el cliente. El segundo ciclo se refiere a que cuando mantenemos el control de las variables de los procesos de fabricación y prestación del servicio, hemos mejorado continuamente, de tal forma que se ha llegado a superar las metas impuestas consecutivamente en varios periodos de tiempo en forma interna sobre los procesos de fabricación y prestación del servicio, suponiendo que tenemos las mejores metas del sector en donde nos encontramos y hacemos el ciclo de referencia o de comparación, es decir, nuestras metas e indicadores las comparamos con empresas similares o iguales a la que laboramos, ya sea en forma local, nacional e internacional según sea nuestro mercado de participación. La comparación nos debe llevar a entender que las metas que se han colocado en el pasado son muy blandas o han sido muy estrictas, concluyendo que podemos ser uno de los mejores del sector industrial e inclusive el mejor del sector. El tercer ciclo se genera cuando llegamos a tener los mejores indicadores del sector, ahora debemos investigar quien tiene este mismo indicador mucho mejor que nuestra empresa, pero en cualquier tipo de sector, industria o área de manufactura o prestación del servicio. Hacer la comparación del mismo indicador que nosotros tenemos contra el mejor resultado que cualquier otra empresa, del mismo ramo, diferente o fuera del ramo en el que participamos es lo que definimos como el inicio del ciclo de innovación. Al identificar la empresa que presenta el mejor indicador debemos identificar la práctica, acción o plan que llevo a que se generara el resultado. Esta tarea de investigación de la comparativa referencial para iniciar el ciclo de innovación es completamente del líder transformacional.

Cooperar y Organizar

Estos dos resultados tienen que ver con los valores que se han implementado en la organización y que el líder transformacional es responsable y tiene el compromiso de difundirlos, comunicarlos, practicarlos y sobre todo generar todo tipo de acciones, planes y mecanismo que llevan a que todos en la organización los practiquen en forma diaria, que la vivencia de estos valores, como la base de la creación de una cultura en la organización, sea parte de sus actividades del día a día. Cuando las empresas han difundido, comunicado y practicado día a día sus valores empresariales han generado una de las más extraordinarias herramientas que cuenta la organización para maniobrar en los cambios drásticos del mercado y mantener la competencia con otras empresas más grandes y mejores, esta herramienta es la creación de una cultura y filosofía empresarial, utilizándola para orientar, dirigir y organizar a todos los trabajadores de la empresa hacia donde se quiera dirigir el líder.

Imagina que una empresa, en este caso tu empresa donde laboras, tiene valores como 1) el trabajo en equipo, 2) La innovación, 3) Personal íntegro y responsable, 4) Desarrollo de líderes y 5) Pasión; y se encuentran tan arraigados dentro de la empresa que se viven día a día a través de sus actividades diarias, ¿cómo te imaginas que responderán los trabajadores de esta empresa ante la cambios tan dramáticos como los económicos, las crisis financieras e inclusive la entrada de competidores más grandes y mejores a nuestro sector?, si la respuesta no es obvia para ti, te puedo mencionar que el personal con este tipo de valores arraigados responderán con compromiso, responsabilidad, lealtad y sobre todo con la ambición de dar y mostrar los resultados que sacarán a su empresa de la situación en la que se encuentran.

Figura 14 (Valores empresariales)

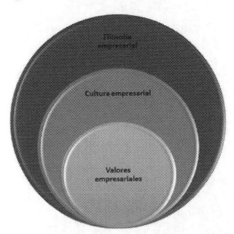

El líder transformacional debe trabajar en proyectos, planes o actividades que implementen mecanismos con los cuales se practican día a día los valores empresariales de una organización, de tal forma que obtenemos personal comprometido, responsable y cooperativo, enfocado y organizado para proporcionar los resultados que requiere la organización para mantenerla competitiva, flexible ante los cambios y por supuesto, rentable por largo plazo.

Para ir cerrando este capítulo de inteligencia emocional para el liderazgo, entendemos que al existir una visión de la empresa, es decir, una posición en el futuro en la que HOY la organización no la tiene y está por alcanzar, el líder transformacional con una inteligencia emocional desarrollada debe liderar cambios fundamentales en la empresa y ayudar en forma significativa y profunda a la organización con el objetivo de alcanzar la visión a futuro con mayor facilidad y con menos contratiempos y logrando cambiar en las partes fundamentales de la empresa, como lo es en la cultura, la innovación y la competitividad.

El líder transformacional debe poner sus habilidades, actitudes y su inteligencia emocional para poder influir en la gente para proporcionar resultados concretos en 4 temas fundamentales dentro de una organización como es: Ser competitivos, ser Innovadores, personal cooperativo y organizado hacia el logro de la visión empresarial, una posición que hoy en día no la tiene, pero que se requiere para mantenerse a largo plazo en el mercado.

EQUIPO DE TRABAJO (FACULTAR)

El compromiso y la responsabilidad que lleva el desarrollo de la inteligencia emocional para el liderazgo, es también, la creación de un equipo de trabajo que cumpla con los resultados requeridos en las 4 dimensiones vistas en la anterior parte como son: Ser competitivos, ser Innovadores, personal cooperativo y organizado, así como, lo visto en la habilidad No. 5 del líder transformacional que es el trabajo en equipo y la habilidad No. 7 que es el desarrollo de otros líderes. Ambas habilidades se ponen en práctica en el desarrollo de equipos de trabajo a través de facultar a otros miembros del equipo a participar como líderes y proporcionar los resultados puestos en forma de metas y objetivos. El proceso de facultar o empoderar se hace a través del coaching, ambos conceptos que explicaremos a continuación y que forman parte de la responsabilidad del líder transformacional y que son de las actividades que debe desempeñarse como líder con inteligencia emocional alta.

En el proceso de coaching interactúan dos personas; uno es el coach o entrenador, que es la persona que instruye, forma o guía a la persona que está siendo orientada para mejorar en el desempeño de sus funciones (mentor o quien construye el conocimiento). El otro es el coachee o persona en entrenamiento, quien recibe los conocimientos y las competencias que necesita para mejorar en su vida profesional. El entrenador se compromete con su entrenado en una alianza de colaboración, estableciendo unos objetivos concretos y diseñando un plan de acción que les permita alcanzarlos dentro de los plazos establecidos. Este plan fijará una serie de encuentros entre los involucrados que permita conseguir la finalidad prevista, acompañado de otro conjunto de actividades destinadas a mejorar aspectos concretos de la persona en entrenamiento. En la efectividad del coaching influye el tipo de relación que se establezca y se requiere que esté basada en la confianza entre ambos participantes, de este modo el entrenador puede ser, no solo un director del entrenamiento del coachee, sino también un consultor que le ayude a innovar en los procedimientos. Para mejorar la productividad del proceso, el entrenador debe tener un conocimiento profundo del puesto de trabajo desarrollado por el entrenado y de la forma en que este puesto se relaciona con los objetivos de la organización. Así mismo, ha de disponer de habilidad para comunicar, debe desear y ser capaz de compartir su información con el entrenado y estar dispuesto a tomarse el tiempo que requiere este esfuerzo.

El desarrollo del proceso sigue básicamente los siguientes 5 pasos:

1. Observar - La observación de nuevos puntos de vista será fundamental para que el entrenado encuentre soluciones y permitirá al individuo elegir entre las alternativas de que dispone para alcanzar sus objetivos.
2. Toma de consciencia - La observación permite la toma de consciencia, básicamente acerca de nuestro poder de elección. El entrenador centrará al pupilo en las elecciones que toma y sus consecuencias, brindándole herramientas específicas para elegir conscientemente y con mayor efectividad.

3. Determinación de objetivos - Es esencial para todo proceso de coaching, el contar con objetivos claramente definidos que servirán de guía para la toma de decisiones y acciones.

4. Actuar - Una vez reunida toda la información, hay que actuar de forma sostenida en el tiempo. El entrenador acompañará de cerca este proceso ayudando a superar las dificultades que aparecen al llevar a la práctica las actuaciones.

5. Medir - En todo momento es imprescindible comprobar si nos acercamos o nos alejamos del objetivo marcado. Esto permitirá tomar acciones correctivas y así contribuir a la obtención de los logros buscados.

El empoderar o facultar a los miembros del equipo significa lo siguiente:

Facultamiento consiste en una influencia mutua, en la distribución creativa de poder y en una responsabilidad compartida; es vital y energético, global, participativo y duradero; permite al individuo utilizar su talento y sus capacidades, fomenta la consecución, invierte en el aprendizaje, revela el espíritu de una organización y crea relaciones eficaces: informa, orienta, asesora, sirve, genera y libera.

El coach debe facultar al empleado, aprovechar sus capacidades, conocer sus límites, incrementar su satisfacción en el trabajo y su productividad, haciéndose cargo de sus responsabilidades. (Murrell, Kenneth L, 2002).

Facultamiento. Se denomina así al proceso de delegar autoridad a los empleados para que tomen decisiones tendientes a lograr la satisfacción de los clientes que atienden o a la obtención de los objetivos establecidos, sin necesidad de recurrir a consultar con niveles superiores, los cuales, dicho sea de paso, están disminuyendo en número. Este concepto se enfoca en el poder de tomar decisiones y en el resultado del cumplimiento de los objetivos. (une.edu.ve, 2004)

Empowerment o facultamiento significa energizar el hecho de delegar poder y autoridad a los colaboradores y conferirles el sentimiento de que son dueños de su propio trabajo. El facultamiento es una herramienta que provee los elementos de desarrollo humano para fortalecer los procesos que llevan a las empresas a la competitividad. (Byjam. W.C., 1992).

El facultamiento del personal de un equipo es el proceso que habilita a alguien a ganar poder, autoridad e influencia sobre otros, las instituciones o la sociedad. El empoderamiento probablemente se constituye por la totalidad de las siguientes capacidades:

- Tener poder de decisión propio.
- Tener acceso a la información y los recursos para tomar una decisión apropiada.
- Tener una gama de opciones de donde escoger.
- Habilidad para ejercer asertividad en toma de decisiones colectivas.
- Tener un pensamiento positivo y la habilidad para hacer cambios.
- Habilidad para aprender y para mejorar su propio poder personal o de grupo.
- Habilidad para cambiar las percepciones por medios democráticos.
- Mejorar la auto imagen y superar la estigmatización.
- Involucrarse en un proceso auto iniciado de crecimiento y cambios continuos sin parar.

ESTRATEGIAS, OBJETIVOS Y METAS (RENDICIÓN DE CUENTAS)

La colocación de objetivos y metas es una responsabilidad del líder transformacional en base al desempeño anterior y de la necesidad de resultados que lleven al logro de la visión a futuro de la empresa, pero está definición de los objetivos, metas e indicadores de medición y desempeño, también lleva la de rendir cuentas hacia todos los niveles de la compañía que se involucren en el resultado.

Figura 15 (Rendición de cuentas)

La rendición de cuentas no es más que el proceso que hace el líder transformacional para las personas que dirigen la empresa y tienen la toma de decisión de transformar, cambiar y/o modificar los procesos de manera profunda para cambiar a la empresa para una mejora permanente. El reportar los resultados del equipo que se está liderando es simplemente que la gente directiva se mantenga informada de lo que se está llevando a cabo, el equipo es el único responsable y comprometido de los resultados generados y el líder es el responsable de lo que hagan y/o dejen de hacer los miembros del equipo.

En términos generales, un informe o reporte de resultados es un texto que da cuenta del estado actual o de los resultados de un estudio o investigación sobre un asunto específico. En cualquier caso siempre es necesario preparar todo el material que permita describir el informe. Lo esencial es darse cuenta de algo que sucedió, con una explicación que permita comprenderlo.

El informe es un documento escrito en prosa informativa (científica, técnica o comercial) con el propósito de comunicar información a un nivel más alto en una organización. Por consiguiente, refiere hechos obtenidos o verificados por el autor (reconocimientos, investigaciones, estudios, o trabajos). Además, aporta los datos necesarios para una cabal comprensión del caso, explica los métodos empleados y propone o recomienda la mejor solución para el hecho tratado.

La evaluación es el proceso que permite medir los resultados, y ver como estos van cumpliendo los objetivos planteados. La evaluación permite hacer un "corte" en un cierto tiempo y comparar el objetivo planteado con la realidad. Existe para ello una amplia variedad de herramientas. Y es posible confundirlo con otros términos como el de organizar, elaborar proyecto etc.

Por último las 3 actividades que el líder transformacional debe hacer para el proceso de rendición de cuentas son:

- Programa de rendición de cuentas

  o Definir las fechas, lugar y hora
  o Definir participantes y sus niveles en la organización

- Agenda de la junta de rendición de resultados

  o Determinar tiempos
  o Definir los temas y los responsables de presentar

- Recopilar Información

  o Desarrollar la metodología de despliegue
  o Alinear visión, estrategias, proyectos y procesos
  o Definir indicadores para estrategias, proyectos y procesos
  o Definir de cada indicador algoritmo, frecuencia, responsable y meta
  o Semaforizar un esquema de seguimiento

o Definir el administrador de cada nivel de Indicador (Directivo, Gerencial, Operativos)

En esta última parte de la rendición de cuentas, el líder transformacional, no solo tiene la responsabilidad y compromiso de mostrar los resultados más relevantes en materia de entorno y cultura, sino, de que cada uno de los resultados sea duplicado, replicado, colocado como mejor práctica e implementada en otras áreas, divisiones e inclusive vendidas hacia otros sectores de la industria como mejores prácticas y crear valor económico a la empresa.

La replicación de la práctica que se generó por la implementación de los planes de acción y sus actividades dentro del equipo de alto desempeño es el compromiso que todo líder debe atender de esta forma generalizar la práctica hacia todas las áreas de la organización. La generación de una base de datos en la que se guarden todas las buenas y mejores prácticas es parte indispensable de la replicación del conocimiento generado por el líder transformacional, por lo que una base de datos asociada a un servidor será la base de replicación de todo el personal interesado o inclusive en la venta del conocimiento hacia afuera de la empresa.

PERFIL DE INTELIGENCIA EMOCIONAL PARA EL LIDERAZGO

PRINCIPIO O BASE INICIAL

Hoy en día, para los retos de la industria, el gobierno y la sociedad, se requieren dos tipos de liderazgos, uno se refiere al liderazgo de la información y el segundo es el liderazgo del cambio, para nuestro caso, lo llamamos líder transformacional. Ambos se enfocan en influir a la gente de manera positiva hacia un fin común. El líder de la información es la persona que mejor la procesa y la interpreta más inteligentemente y la utiliza en forma creativa. La información que debe procesar para implementar acciones directamente es: oportunidades de mercado, evitar y eliminar riesgos de cualquier tipo y por supuesto interpretar la información para orientar a la empresa a lograr su visión en tiempo acordado a través del logro de sus metas y objetivos, el líder de la información no solo debe procesar e interpretar, sino, conocer las fuentes de información confiables y sobre todo, sabe qué es lo relevante de entre una gran cantidad de información que a diario se genera. El proceso de pensamiento que tiene el líder de la información es:

1. Determina la necesidad de información.
2. Define la información necesaria a conseguir.
3. Determina las fuentes adecuadas de información.
4. Analiza y sintetiza la información de acuerdo a la necesidad.
5. Interpreta la información y realiza la elaboración de reporte, resumen o documento escrito.

Este proceso de 5 pasos se realiza por parte del líder de la información en forma diaria, todos los días debe interpretar datos e información, es por ello que la principal tarea del líder de la información es ayudar a todos y cada uno de sus colaboradores a enfocarse en las tareas correspondientes para el logro de las metas y objetivos en base a la interpretación de la información más relevante, sea interna o externa. El desarrollo de sus colaboradores se basa principalmente en facilitar la interpretación de la información que hace que la tarea del colaborador sea más fácil, enfocada y por tanto eficiente y efectiva. El perfil para este tipo de liderazgo es exactamente el mismo que requiere un líder del cambio o líder transformacional, la única diferencia es el objetivo que persigue cada uno de los líderes. Mientras que el líder de la información su objetivo principal es influir en la gente a través de analizar, sintetizar e interpretar la mayor cantidad de información para facilitar el trabajo de sus colaboradores siendo más eficiente, efectiva y por tanto productiva.

El objetivo del líder transformacional es la de desarrollar la mayor cantidad de líderes igual o mejor que él mismo a través de un programa de entrenamiento, principalmente práctico para transformar a la empresa y llegar a la visión deseada. El proceso que debe pasar para convertirse en el líder transformacional que requiere las empresas y la sociedad son los 5 niveles de Maxwell.

Los niveles de Maxwell son el marco de referencia y el camino que por el cual el líder transformacional debe mantenerse, pero lo más importante de este marco contextual es que en cada nivel están las pruebas o evaluaciones para determinar si cumples con el nivel o estás en desarrollo o justamente estás por saltar de nivel. Estas evaluaciones las podrás encontrar en el capítulo 5 de desarrollo de la inteligencia emocional para el liderazgo. Te recuerdo los 5 niveles de Maxwell que serán tus puntos de partida y el camino que deberás recorrer de aceptar el reto de transformarte en líder y llevar una voz hacia el futuro en el que dirigirás a cientos de miles de personas.

1. Posición

La gente sigue a un **líder** sólo porque se le ha nombrado jefe o **líder** de equipo.

2. Permiso

Los colaboradores comienzan a tener confianza en el **líder**.

3. Producción

La gente comienza a seguir por lo que el **líder** ha hecho por el equipo u organización.

4. Desarrollar personas

Los mejores **líderes** ayudan a desplegar el potencial de los otros para ser **líderes.**

5. Personalidad

Desarrollo de personas y produce un impacto increíble por largo PLAZO.

Para el caso del desarrollo de las habilidades de liderazgo, ya hemos definido el perfil y los hemos definido para que se entienda cada habilidad, te recordamos cada uno de ellos para que empecemos a pensar la forma de desarrollar cada una de las habilidades para iniciar o desarrollar al líder que tienes dentro.

HABILIDADES PARA DESARROLLAR AL LÍDER QUE ESTÁ EN NOSOTROS

1. **VISIÓN CLARA DE LO QUE QUIERES Y HACIA DÓNDE TE DIRIGES.**
2. **INICIATIVA (Buscar nuevos proyectos y trabajar en donde otros no lo han hecho).**
3. **COMUNICACIÓN CLARA Y CONCRETA (Compartir y asegurar el entendimiento).**
4. **ADAPTARSE A LOS CAMBIOS (ser flexible).**
5. **TRABAJAR EN EQUIPO (todos tenemos un rol donde mejoramos habilidades).**
6. **APRENDER CONTINUAMENTE (el conocimiento es parte del crecimiento).**

7. **DESARROLLAR GENTE Y SER COACH (líderes creando otros líderes).**
8. **CREAR VALOR ECONÓMICO (enfocarse al resultado de la organización).**
9. **PROMOVERSE A SI MISMO (difundir los logros de la organización).**

El perfil del líder emocional también lo podemos definir para esclarecer con mayor profundidad el entendimiento del camino que nos espera, te aseguro que el camino se observa muy inclinado, pero los resultados positivos que obtienes al convertirte en un líder transformacional es muchísimo mayor a lo que tú puedes imaginarte, ya que jamás haz andado por estos caminos. Nunca veas la cuesta o la inclinación del camino, enfócate en la cima, en el resultado que obtendrás, esto es mucho más beneficioso que enfocarte en lo difícil del camino, que no lo es, aun cuando así se perciba.

- **"Un camino lleno de éxitos inicia cuando cambias dentro de ti, en donde jamás haz buscado".**
- **"Todo lo que está a tu alrededor existe porque fue pensado antes, si tú piensas en tu futuro, será creado y existirá en tu camino".**
- **"Pensar en la soluciones de todo nuestros problemas es mejor que enfocarse en los problemas mismos".**

LIDERAZGO EMOCIONAL (LÍDER TRASNFORMACIONAL)

- El *liderazgo emocional* es aquél liderazgo que incluye el manejo de las emociones de forma efectiva para conseguir liderar con eficacia.
- El liderazgo emocional es imprescindible a la hora de liderar porque los seres humanos actuamos básicamente por emociones y a la hora de convencer y motivar tenemos que estimular las emociones.
- Cuando lideras es importante que muevas las emociones de la otra persona para influenciarla de tal modo que el liderazgo sea un paso fácil.

Figura 16 (Evita y controla)

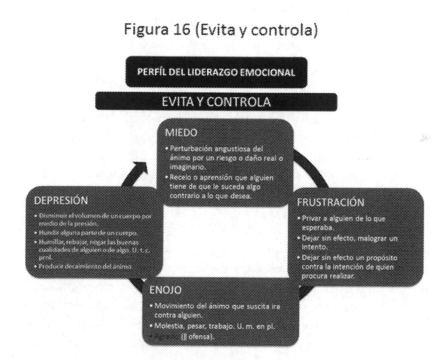

Uno de los temas de mayor relevancia en el liderazgo transformacional, es la inteligencia emocional y la gestión de las emociones y sentimientos lo que nos proporciona un coeficiente emocional alto, de tal forma que podemos manejar con mayor facilidad nuestros ciclos emocionales y por tanto tener un mejor balance emocional. Uno de los ciclos emocionales con mayor arraigo y que en general la mayoría de las personas en el mundo lo padecemos es el de la figura 16 (Miedo, Frustración, Enojo y Depresión), la consciencia de este ciclo es la mejor forma de pasar cada uno de los sentimientos, evitando al máximo que se presenten, detectar lo que nos provoca el inicio de este ciclo es la mejor forma de gestionar nuestros sentimientos y por tanto, la mejor forma de cultivar nuestra inteligencia emocional para desarrollar el liderazgo transformacional. El líder transformacional debe detectar y determinar todas y cada una de las circunstancias de su vida diaria que provoque iniciar este tipo de ciclo; cualquier tipo de circunstancia que provoque un temor o miedo debe ser evitado o enfrentarlo para no dar inicio al ciclo emocional negativo que puede llegar a desencadenar hasta en depresión; normalmente las personas optan por evitar enfrentarse al temor y miedo, ésta es una "buena" salida para no iniciar el ciclo emocional, sin embargo, como veremos más adelante en este capítulo, no es lo más recomendable ya que nuestra "zona de confort" no crecerá y nuestro nivel de pensamiento no se incrementa y nuestra vida siempre es la misma con los mismos resultados que tenemos hoy. Evitar todo no es la solución, sino, es enfrentar al máximo los temores, y cuando se presenten, controlar las emociones y manejarlas de tal forma que pasemos el ciclo descrito en la figura 16 de la forma más rápida, suave y sin daños emocionales a largo plazo, este ciclo puede pasarse en pocos días, inclusive puede pasarse en pocas horas, pero ten en cuenta que pasar por el ciclo es lo más sano, lo mejor y de mayor crecimiento debido a que cada vez que pasas por un ciclo emocional, deberás aprender que cada circunstancia de tu vida que inicia el ciclo acabará de la misma forma, ya que hablamos de sentimientos y emociones, que son siempre los mismos, lo que cambia son las circunstancias que provocan que los temores y miedos se presenten en tu vida diaria, reconoce tus miedos y temores y facilita el ciclo para terminarlo lo más pronto posible y de manera suave, de lo contrario te llevará un desgaste emocional y muy posiblemente años de frustración y depresión por evitar que NO acabe el ciclo y continuar que gire y siga por años y años sin detenerse hasta que uno mismo, se hace responsable de las consecuencias de enfrentar tus miedos y resolverlos.

"NO culpes a nadie de tus actos, tú eres el único responsable de lo que piensas y haces".

"Aprender a alcanzar todo lo que te propongas, es aprender de todos tus errores y fracasos que son lo que te va fortaleciendo para el camino a tu éxito. El éxito es lograr todo lo que te propongas ya que es un camino y no un destino".

Figura 17 (Identifica y crece)

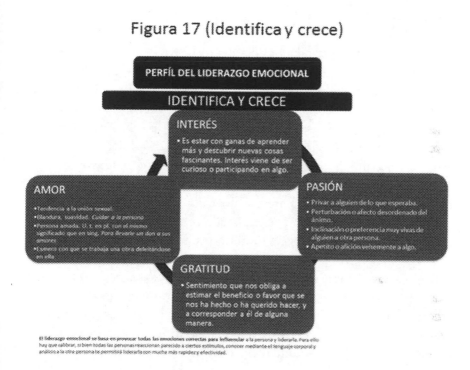

De igual forma que existen los ciclos emocionales negativos que te desgastan mentalmente, también existen los ciclos emocionales positivos que te llevan a expandir tu zona de confort y convertirte en el líder transformacional que eres. El ciclo emocional positivo de la figura 17 es uno de los típicos y tradicionales ciclos que se presentan en la vida de todo ser humano y que ahora el reto no es de pasarlos en forma rápida, suave y de forma natural, sino, todo lo contrario, que el ciclo se presente tanta veces como se pueda en tu vida, en forma diaria y mantenerla constantemente y de forma frecuente. Los ciclos emocionales positivos son poco frecuentes y es más fácil entrar y salir de forma frecuente de un ciclo negativo que de uno positivo, por el mismo comportamiento que nos han enseñado nuestros padres, nuestro entorno, y sobre todo las personas directamente relacionadas con nosotros, como familiares, maestros, amigos, etc. Como hemos dicho, el reto es que este tipo de ciclos se presenten con mayor frecuencia, constancia y una y otra vez en un mismo día.

INTERÉS

El primer paso para este ciclo emocional positivo que debemos fomentar e incentivar y que se presente todos los días y por tanto, que sea una parte de nuestra vida diaria el tener el "INTERÉS" de aprender, de conocer, de tener mayor conocimiento, de iniciar algo nuevo, en palabras muy sencillas, que tengamos esa gran curiosidad que de niños teníamos y que vamos perdiéndola por la cotidianidad de la vida adulta. La curiosidad que todo ser humano tiene, en algunas personas con mayor desarrollo y en otras con menor grado, pero al final, todos con la habilidad de interesarse en temas particulares o ajenos a las personas. Sin embargo, conforme vamos creciendo y siendo adultos, vamos interesándonos en temas muy particulares, especializándonos en temas que nos empezamos a hacer expertos, principalmente esta especialización es debido a la educación universitaria que tenemos, en la cual nos especializamos en el conocimiento, de tal forma que, existen ingenieros, abogados, contadores, médicos, químicos, etc. y estos a su vez, se diversifica la especialización; de igual forma pasa en la parte laboral, las empresas nos especializan en nuestras tareas y responsabilidades. Esta educación, tanto universitaria, como laboral, nos hace enfocarnos en intereses muy particulares y únicamente seguir aprendiendo de uno o más temas, lo que hace que nuestro interés por otro tipo de conocimiento no se despierte y dejemos de aprender algo nuevo y diferente. Muchas otras personas que se mantienen aprendiendo, buscando mayor conocimiento y sobre todo aplicando todo este tipo de conocimiento a su vida diaria son los que inician este ciclo emocional positivo, en el capítulo siguiente, veremos la forma de fomentar y cultivar el interés por las cosas, es decir, despertar esa curiosidad natural que tenemos los seres humanos y hacer girar el ciclo una y otra vez. En un inicio, el interés debe ser genuino, verdadero y completamente desinteresado, para posteriormente, te apasione el tema y por tanto, tendrás un gran interés. El interés por temas distintos debe diversificarse en áreas de todo tipo, inclusive en temas o áreas en el que jamás has sabido o conocido, de hecho este es el punto de iniciar cualquier tipo de tema, el cual no conozcas o sepas de éste con anterioridad.

PASIÓN

Nuestro segundo paso en el ciclo emocional positivo es, la "PASIÓN", esto es una consecuencia natural del interés de un tema, que a un extremo positivo, le llamamos pasión por el tema, la actividad o lo que te llamo la atención y simplemente tienes gran interés y te vuelves "aficionado", "fanático" o simplemente apasionado. Esta pasión hace que seas un estudioso, un experto en el tema y por tanto, te especialices en un conocimiento tan profundo que manejes el tema en muchos aspectos. Una de las claves para darte cuenta que te apasiona el tema es que te das cuenta que no sabes mucho de éste, ya que te falta tanto por aprender y entender que lo que has aprendido hasta ese momento es demasiado poco el conocimiento, y empieza el verdadero viaje de la pasión por un tema. Al ser una consecuencia del paso anterior, la cantidad de temas de tu interés, debe ser, una pasión por el aprendizaje constante, frecuente y profundo.

Apasiónate por la actividad principal que HOY realizas, por tu trabajo, por las personas que HOY te rodean, por tu salud, por tu familia y sobre todo por ti mismo, apasiónate por continuar aprendiendo más sobre todas las cosas que te rodean, por simple que las veas en la cotidianidad de tu vida.

GRATITUD

Cuando aplicamos a nuestra vida diaria todo el conocimiento aprendido posterior a realizar los dos pasos anteriores del ciclo emocional positivo (Interés y Pasión), se logran las recompensas y resultados que nunca nos imaginamos tener, ya sea en términos de logros individuales, familiares, laborales e inclusive, de índole financiero y/o económicos. Estos resultados, que en un principio no fueron visualizados al iniciar el ciclo emocional, al interesarnos con mayor profundidad en un tema específico, nos volvemos expertos y apasionados, lo que como simple consecuencia, nos trae resultados diferentes y sobre salientes, ya que antes no habíamos aplicado conocimientos nuevos a nuestras vidas, esta es la gran recompensa de aplicar un nuevo conocimiento a nuestras vidas diarias en forma apasionada. Por cada resultado nuevo que veas llegar a tu vida como consecuencia de la nueva disciplina, conocimiento o pasión que adoptaste, deberás estar agradecido, ser agradecido y por tanto tener una gran gratitud a dios padre y su hijo, tener una gratitud a la vida o simplemente tener la enorme gratitud contigo mismo por alcanzar nuevos esquemas de pensamiento al atraer nuevos conocimientos. Siempre estar agradecido, por la fortaleza que tienes, la inteligencia, la paciencia y los valores que te han llevado a alcanzar resultados que nunca los podrías generar o alcanzar sino aplicas el interés y la pasión por llevar más allá de tus conocimientos. Levántate todos los días agradeciendo a quien tú quieras, que tu vida ha cambiado, se ha modificado, pero sobre todo, es más positiva y mucho mejor que antes. Todo esto, te aseguro pasará con el simple hecho de ser curioso, dedicado y disciplinado en el aprendizaje de nuevos conocimientos.

AMOR

Esmero con que se trabaja una obra deleitándose en ella, ESTE ES EL FINAL DEL CICLO, en el que terminas con un verdadero aprecio por lo que haces, disfrutas las actividades que llevaste a cabo con cada uno de los 3 pasos anteriores, no solo por el simple hecho de los grandes resultados que trajo el nuevo conocimiento, sino, de la gran satisfacción que sientes al realizar las actividades, está satisfacción es simplemente que te sientes realizado con la aportación y los resultados que generas hacia ti, hacia los demás y porque no, hacia el mundo. Cuando la actividad que desempeñas llega a esta parte del ciclo tu inteligencia emocional ha progresado, te sientes con mayor confianza, con una autoimagen más sólida y con la seguridad que puedes lograr lo que te propongas, te conoces a ti mismo con mayor profundidad, sabes de tus debilidades y fortalezas que antes no veías y posiblemente tienes una gran motivación para iniciar las cosas nuevas. Lo anterior son los 3 primeros pasos de la Inteligencia emocional según Goleman: 1) Auto conocerse, 2) Auto gestión de sus emociones y 3) Auto motivarse; solo y simplemente llevando a cabo de forma disciplinada, frecuente y constante el ciclo emocional positivo, es decir, aplicando a nuestra vida diaria Interés de conocer algo nuevo, Pasión por profundizar en el tema, Gratitud por los resultados obtenidos y Amor por lo que hacemos de forma apasionada.

Figura 18 (Identifica y crece II)

ACTITUD: Postura del ser humano, especialmente cuando es determinada por los movimientos del ánimo, o expresa algo con eficacia. Disposición de ánimo manifestada de algún modo

La aplicación natural del ciclo emocional positivo (Interés, pasión, gratitud y amor) debe llevarte invariablemente e indudablemente a tener actitudes de líder como la perseverancia, la persistencia, la disciplina y la resiliencia. Estas actitudes se desarrollarán de forma natural al aplicar el ciclo emocional positivo (interés, pasión, gratitud y amor), debido a que el ciclo que mencionamos deberá desarrollar actitudes positivas que sembrarás, cultivarás y cosecharás cada vez más y más siempre y cuando apliques el ciclo emocional una y otra vez. Es por ello que las personas que han aplicado más veces y con mayor frecuencia, este tipo de actitudes ante cualquier situación de la vida, tienden a pasar con mayor facilidad la problemática y superarla. La actitud está definida como la postura o la forma que toma una persona ante un hecho no controlado, recordando un conocimiento holístico que he aprendido en los último años, el 10% de las cosas que nos suceden en la vida diaria, son controladas por nosotros mismo, el resto (90%) no lo podemos manejar o manipular, únicamente reaccionamos ante este hecho NO controlado en base a nuestra actitud o forma de reaccionar. Las actitudes que se han definido al aplicar el ciclo emocional son de forma natural ante la postura de retos que nosotros mismos nos imponemos al generar un gran interés y una gran pasión por el desarrollo de un tema que nos agrada y que nos gusta, generando grandes resultados aplicando el ciclo emocional en conjunto con actitudes que nos lleven a finalizar el ciclo una y otra vez.

Es por ello que hemos descrito con gran interés el ciclo emocional positivo, ya que de llevarlo a cabo en forma natural, desinteresado, frecuente, constante y sobre todo que lo adoptemos como parte de nuestra vida, desarrollarás actitudes que posiblemente jamás hayas podido desarrollar o inclusive, que hayas podido desarrollar a medias. El ciclo emocional debes llevarlo a cabo tantas veces como puedas y concluirlo hasta el final, en algunas personas esto se lleva a cabo en varias semanas, otros les lleva varios años y otros lo aplican para unas cuantas cosas de conocimiento, pero para la mayoría de las personas jamás lo ponen en práctica y se mantienen lamentándose y muy posiblemente culpando a otras cosas o personas de su actual situación. El principio que debe regir el ciclo emocional positivo es: Somos responsables de nuestras acciones que hacemos y las que dejamos de hacer, somos responsables de lo que pensamos y de lo que no y somos responsables de lo que sentimos y lo que no, por tanto, nunca culpes a nada ni a nadie de lo que te pasa o te deja de pasar, porque el único responsable de tu situación eres tú mismo, y el único que saldrá de ésta para mejorar o empeorar eres tú y solo tú. La aplicación de este simple ciclo emocional es parte de las actividades de desarrollo para convertirse en un líder transformacional, ya que cultivarás actitudes que te sirvan para influir en la gente y transformarte en el verdadero líder que llevas dentro, como también lo afirma John C. Maxwell en su libro "Desarrolle el líder que está en usted".

A continuación en la figura 19 definimos cada una de las actitudes que en el capítulo siguiente daremos ejercicios para desarrollar con mayor facilidad cada una de éstas.

Figura 19 (Actitudes)

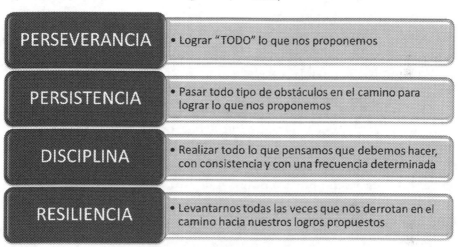

PERSEVERANCIA
• Lograr "TODO" lo que nos proponemos

PERSISTENCIA
• Pasar todo tipo de obstáculos en el camino para lograr lo que nos proponemos

DISCIPLINA
• Realizar todo lo que pensamos que debemos hacer, con consistencia y con una frecuencia determinada

RESILIENCIA
• Levantarnos todas las veces que nos derrotan en el camino hacia nuestros logros propuestos

Figura 20 (Resultados liderazgo emocional)

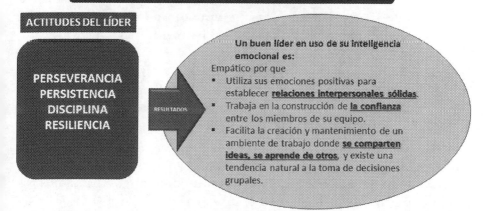

PERFÍL DEL LIDERAZGO EMOCIONAL

LOS RESULTADOS DEL LIDERAZGO EMOCIONAL

ACTITUDES DEL LÍDER

PERSEVERANCIA
PERSISTENCIA
DISCIPLINA
RESILIENCIA

RESULTADOS

Un buen líder en uso de su inteligencia emocional es:
Empático por que
• Utiliza sus emociones positivas para establecer **relaciones interpersonales sólidas**.
• Trabaja en la construcción de **la confianza** entre los miembros de su equipo.
• Facilita la creación y mantenimiento de un ambiente de trabajo donde **se comparten ideas, se aprende de otros,** y existe una tendencia natural a la toma de decisiones grupales.

El liderazgo emocional se basa en provocar todas las emociones correctas para influenciar a la persona y liderarla. Para ello hay que calibrar, si bien todas las personas reaccionan parecido a ciertos estímulos, conocer mediante el lenguaje corporal y análisis a la otra persona te permitirá liderarla con mucha más rapidez y efectividad.

93

El desarrollo de actitudes de líder nos lleva invariablemente a madurar nuestra inteligencia emocional, incrementar nuestro coeficiente emocional y por tanto, llevar un balance emocional que se verá reflejado en resultados concretos y tangibles, una de las habilidades que desarrollarás enormemente es la empatía con la gente, de tal forma que entenderás a las personas de tu entorno de una forma mucho más personal, socializando con mayor profundidad en base a que tu confianza en ti mismo ha mejorado, la seguridad en la forma de actuar y de hablar han hecho que los demás te volteen a ver, pero sobre todo, los resultados que has obtenido, en forma personal, familiar, laboral e inclusive económicos te preceden. De acuerdo a este desarrollo de actitudes y el ciclo emocional aplicado, tu nivel de liderazgo según Maxwell estaría finalizando el Nivel 3: **Producción, la gente comienza a seguir por lo que el líder ha hecho por el equipo u organización.**

Un buen líder en uso de su inteligencia emocional es:

Empático porque

- Utiliza sus emociones positivas para establecer **relaciones interpersonales sólidas**.
- Trabaja en la construcción de **la confianza** entre los miembros de su equipo.
- Facilita la creación y mantenimiento de un ambiente de trabajo donde **se comparten ideas, se aprende de otros**, y existe una tendencia natural a la toma de decisiones grupales.

La mejora de la inteligencia emocional al aplicar el ciclo emocional es indudable, así como, la actitud que has formado han hecho cambiar, no solo tus hábitos, sino, tu forma de pensar, tu visión de lo que eres capaz de conseguir para tu futuro, tu confianza en ti mismo te está llevando a lograr lo que te estás proponiendo y por tanto, tener claramente una visión de lo que quieres, hacia donde te diriges y el camino que debes recorrer. Todo lo anterior ha cambiado tu mundo, tus pensamientos y principalmente se ha modificado tu Zona de Confort a la zona de aprendizaje, estás expandiendo tus aprendizajes y tus conocimientos y por tanto, tus creencias, tus hábitos y costumbres de tal forma que el nivel de pensamiento ha cambiado, te sientes otra persona diferente de cuando iniciaste el ciclo emocional y que ha provocado un cambio en tú zona de confort, modificándose hacia caminos que jamás habías estado o en el peor de los casos jamás lo habías imaginado. El inicio de un ciclo emocional ha provocado cambios en tus actitudes, tus conocimientos, provocando que cambies tu visión, tus miedos son menores o inclusive no son parte de tu vida diaria, solo aparecen de vez en cuando y son fácilmente manejables.

El camino hacia un verdadero crecimiento en la inteligencia emocional es la expansión de la zona de confort actual, modificando nuestros pensamientos, cambiando hábitos y costumbres que nos detienen a lograr lo que nos proponemos, enfrentar nuestros miedos y manejarlos de tal forma que su presencia es en menor frecuencia y con las consecuencias de éstos claramente definidos; todo es modificado al aplicar el ciclo emocional una y otra vez hasta tener el manejo de nuestras emociones y por tanto, la expansión de la zona de confort.

Figura 21 (Zona de Confort)

Las 3 grandes herramientas que tenemos para expandir nuestra zona de confort son:

1. Aplicar el Ciclo emocional positivo (Interés, pasión, gratitud y amor).
2. Desarrollar Actitudes (Persistencia, perseverancia, disciplina y resiliencia).
3. Desarrollar Habilidades (Las 9 definidas en el perfil de liderazgo).

Estas 3 herramientas son con las que debemos trabajar para expandir con mayor facilidad la zona de confort, de no hacerlo, nos mantendremos con los mismos resultados que hemos tenido hasta hoy sin modificación para el futuro a corto o largo plazo.

Figura 22 (Cambio de Zona de Confort)

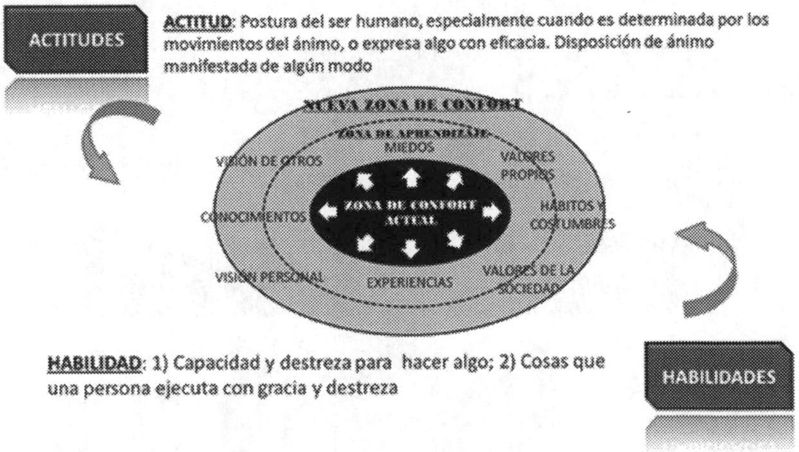

La actitud debe ser desarrollada a través de los ciclos emocionales, de aprender un nuevo conocimiento, de tal forma que desarrollarás al aplicar el ciclo una actitud de persistencia, perseverancia, disciplina y resiliencia en forma automática, mientras que las habilidades del líder que revisamos en el capítulo 2 nos empezarán a forjar en el camino del líder; ambos caminos fomentarán el gran interés de convertirte en el líder transformacional que se requiere, modificando drásticamente tu zona de confort que es el resultado más visible de tu madurez e incremento en tu coeficiente emocional para el liderazgo. La modificación y expansión de la zona de confort no es más que incrementar y mejorar tu calidad y estilo de vida a través de mejorar los ciclos emocionales una y otra vez.

Con lo anterior te debe quedar claro que el camino para desarrollar el líder transformacional que tienes dentro es a través de:

1. Aplicar el ciclo emocional a todo conocimiento nuevo que se presente en tu vida enfrentando esto como un nuevo reto (ver ejercicios del capítulo 5).
2. Adquirir las actitudes de líder (perseverancia, persistencia, disciplina y resiliencia) a través de aplicar el ciclo emocional (ver ejercicios del capítulo 5).
3. Desarrollar las 9 habilidades del líder (ver ejercicios del capítulo 5).

Los resultados "al menos" más evidentes cuando estás aplicando lo anterior son:

- Mejora de tu calidad y estilo de vida (expandir tu zona de confort) y tus resultados (Individuales, familiares, laborales y económicos) son completamente diferentes y mejores.
- Mejorar las relaciones sociales, de tal forma que mucha gente te ve y te sigue (incrementar el nivel de liderazgo según Maxwell).
- Mejora tu confianza, tu autoimagen, tu autoestima, de tal forma que enfrentas cualquier tipo de reto, proyecto o logro que te propongas (Pasas el Nivel 3 de Maxwell).
- Se disminuye la aparición de miedos, frustraciones, temores, tristezas, incertidumbre, depresión, desconfianza, indecisión, etc., etc., de tal forma que la aparición de ciclos emocionales negativos son muy rápidos, suaves y naturales, pasándolos en horas e inclusive en minutos.
- Te sientes una mejor persona, con una visión clara de lo que quieres ser, hacer y tener.

Figura 23 (Cambio de Zona de Confort II)

En los últimos años me he dedicado a mejorar mi persona a través de incrementar el coeficiente emocional y mantener un balance entre la lógica y las emociones, desarrollando al mismo tiempo mis habilidades de liderazgo aplicando todos y cada uno de esos conceptos a mi vida diaria, sea familiar, laboral, espiritual o inclusive económica, de tal forma que me he visto en situaciones difíciles, duras e inclusive frustrantes que me han llevado a caerme y por tanto a deprimirme, simplemente me ha pasado lo que a miles de millones de personas también les ha ocurrido. Pero el punto no es quien ha sido perjudicado en mayor grado, lo más importante es que tan profundo haz dejado que la situación por la que pasas se mantenga en tu vida por un largo plazo y que tan rápido te recuperas y sigues para mantener la verticalidad. Este es el reto de hoy para la gente del siglo XXI, levantarse, recuperarse y continuar con la vida de la forma más rápida posible, pero haciendo uso de nuestra inteligencia emocional como la herramienta principal para mantener nuestra vertical y lograr todos nuestros sueños y propósitos. Mi caso no es diferente al de millones de personas, puede ser mejor o peor, pero como menciona Viktor Frankl neurólogo y psiquiatra austriaco creador de la logoterapia, en su libro "El hombre en busca de sentido", que toda persona que HOY sufre o pasa por algún situación, ésta es más importante que lo del pasado, por lo que para alguien es una circunstancia atenuada, para otras personas es una enorme carga emocional sin solución. Desde esta perspectiva, todos sufrimos de alguna u otra manera nuestras propias crisis, sin que sea cada una de éstas igual, similar, peor o mejor que otra de la misma índole pero en diferente persona, de esta forma, todos tenemos el reto de seguir en la verticalidad de la vida el mayor tiempo posible. Pero, cada una de las crisis que tenemos a lo largo de nuestras vidas, debemos de verla como la gran oportunidad de crecer, de mejorar, pero sobre todo de transformarnos en alguien diferente al que somos hoy en día, cada problema, situación de tensión, frustración, miedo, etc. es una obligación de nosotros verla como la forma en la que expandiremos nuestra zona de confort, incrementaremos nuestra inteligencia emocional y por tanto podremos llegar a ser un poco más el líder que requiere nuestra vida y la sociedad. El reto que te dejo es que cada dificultad, problema u obstáculo que te encuentres en el camino, los veas como la gran oportunidad de mejorar, porque realmente para eso son los obstáculos; la mayoría de la gente lo ve como la forma de NO seguir caminando, evitar los problemas es la solución y por tanto desiste. TÚ no eres así y no debes ser así, de lo contrario, serás como miles de millones de personas en el mundo. Es por ello que te reto a que tengas la visión de ver todos y cada uno de tus problemas, obstáculos y dificultades como oportunidades, desarrolla la "ACTITUD" como la decisión de ver las dificultades como oportunidades.

El reto de HOY es convertirnos en líderes con inteligencia emocional, para transformar no solo nuestras vidas, sino, la de cientos y miles de personas.

Reflexiona el siguiente pensamiento basado en uno de los genios del siglo XX:

"La principal locura del ser humano es pretender cambiar nuestros resultados que hoy tenemos haciendo siempre lo mismo, en la crisis de cualquier ser humano nace la creatividad, inventiva y la mejora de nosotros mismos, superar cualquier tipo de crisis que se nos presenta en la vida es superarnos a nosotros mismos y transformarnos en mejores personas.

Ante cualquier problema es muy fácil culpar a todo, menos a nosotros, enfocándonos siempre en el problema y casi nunca en las soluciones, porque es más fácil evitar el obstáculo, que enfrentarlo, es menor el esfuerzo dejar de lado el problema que buscar la solución y enfrentar el desafío, aún cuando superar el problema tiene una mayor recompensa o resultado al que tenemos hoy; la pereza es la principal barrera para encontrar las soluciones a nuestros retos, la actitud de visualizar todos y cada uno de nuestros problemas y obstáculos como una extraordinaria forma de mejorar nuestras vidas es uno de los retos que la mayoría de la gente no hace, prefiere mantenerse en el mismo lugar, en la misma zona de confort porque es más seguro ya que nos gusta mantenernos siempre seguros y evitar retos que nos hagan esforzarnos más, cultiva siempre la actitud.

Trabajar siempre en la actitud de enfrentar nuestros retos, problemas y obstáculos es siempre transformarnos en mejores personas, evitarlos es mantenernos en nuestro conformismo y no querer ser mejores personas, sin retos no hay crecimiento de nuestra zona de confort y por tanto, no hay resultados diferentes, no hagas la locura de seguir haciendo lo mismo esperando que nuestros resultados cambien o sean mejores, cambia tus pensamientos porque todos tus problemas y retos actuales fueron creados con una actitud determinada, por lo tanto, no pueden ser solucionados utilizando los mismos pensamientos y la misma actitud, y deberás adquirir conocimientos diferentes para superar problemas y retos."

Figura 24 (La crisis)

DESARROLLO DE LA INTELIGENCIA EMOCIONAL PARA EL LIDERAZGO

Los ejercicios que desarrollamos en todo este capítulo están basados en los diversos autores de inteligencia emocional y liderazgo, pero lo importante es que los ejercicios los he aplicado en mi vida personal, laboral, familiar y económica, de tal forma que por más de 10 años he desarrollado grandes habilidades y con resultados que jamás imagine, te comparto una gama de ejercicios que deberás llevar con disciplina, compromiso y responsabilidad. Los ejercicios están descritos de una forma causal, por lo que empieza por el número 1 hasta lograrlo y sentirte capaz de continuar con el siguiente ejercicio que es el No. 2, de esta forma deberás llegar hasta el último ejercicio con una inteligencia emocional incrementada, tu zona de confort expandida y tu liderazgo fortalecido para desarrollar a otros líderes.

La base de la inteligencia emocional es el conocimiento de nosotros mismos, por lo que empecemos con los ejercicios más básicos que podemos encontrar. Para muchos, estos ejercicios pueden sonar de rutina, tediosos o simplemente sin valor, pero la realidad es que no nos conocemos en todas y cada una de las circunstancias que se presentan en nuestra vida, de tal forma que no sabemos cómo reaccionamos ante una gran diversidad de ellas. Recordando las 5 dimensiones de acuerdo a que Daniel Goleman explica en su libro de Inteligencia emocional de 1995, las cuales son:

Cinco elementos principales de la inteligencia emocional:

1. Consciencia de sí mismo.
2. La autorregulación.

3. Motivación.
4. Empatía.
5. Las habilidades sociales.

Ejercicios básicos para incrementar la inteligencia emocional

1) **AUTOCONOCIMIENTO**, asegúrate de conocerte bien, del siguiente listado de emociones y sentimientos, subraya o escribe las que con mayor frecuencia se presentan y encierra en un círculo las que más tiempo te duran (son 2 listas).

Vergüenza, estupor, esperanza, tristeza, envidia, tranquilidad, entusiasmo, solidaridad, enojo, serenidad, duelo, resignación, dolor, resentimiento, desprecio, rencor, desidia, rechazo, desesperación, Interés, recelo, deseo, rabia, prepotencia, desconsuelo, desconfianza, placer, desconcierto, pesimismo, desánimo, pasión, desamparo, pánico, depresión, paciencia, decepción, optimismo, curiosidad, omnipotencia, culpa, odio, congoja, obstinación, confusión, nostalgia, confianza, miedo, compasión, mezquindad, cólera, melancolía, celos, ira, cariño, gratitud, insatisfacción, asombro, rencor, asco, indignación, apatía, impotencia, ansiedad, impaciencia, angustia, hostilidad, amor, frustración, alivio, éxtasis, alegría, excitación, aburrimiento, euforia.

Nota: si no encuentras alguna de la lista anterior, anótala y subráyala o circúlala, sea el caso.

2) **AUTOCONOCIMIENTO**, de ambos listados anteriores, escribe en las siguientes líneas "solamente" los sentimientos y emociones que **son positivas** para ti.

Mayor frecuencia se presenta (Positivas)	Más tiempo dura (Positivas)
•	•
•	•
•	•
•	•

3) **AUTOCONOCIMIENTO**, de ambos listados anteriores, escribe en las siguientes líneas "solamente" cuáles sentimientos y emociones **NO son positivas** para ti.

Mayor frecuencia se presenta (NO Positivas)	Más tiempo dura (NO Positivas)
•	•
•	•
•	•
•	•
•	•

4) **AUTOREGULACIÓN**, los 3 primeros ejercicios nos dan la perspectiva de conocernos a nosotros mismos, sin embargo, ahora en este ejercicio debemos enfocarnos en determinar los ciclos emocionales negativos de los ejercicios 2 y 3, es decir, reflexionar los sentimientos y emociones que aparecen con mayor frecuencia y determinar las diversas circunstancias con las que aparecen los ciclos emocionales en nuestras vidas. En esta última parte deberás identificar los ciclos emocionales negativos, muy posiblemente con los 3 primeros ejercicios hayas encontrado 1 o 2 emociones que "**no son positivas**" para ti, por lo que deberás "completar" el ciclo emocional con otras emociones que hacen que se mantenga el ciclo. Toma tiempo para ti y reflexiona es la única manera de empezar a conocerte a ti mismo, no lo dejes en saco roto. Otros ciclos emocionales pueden ser: 1) Enojo, odio, tristeza, Infelicidad; 2) Frustración, tristeza, desmotivación, infelicidad, etc. Los ciclos emocionales tradicionalmente son de una relación causal, es decir, el miedo te lleva a la ira, la ira te lleva al odio y el odio al sufrimiento.

(Nota: no necesariamente deben ser 4 las emociones del ciclo, pueden ser 2 o más de 4).

Figura 25 (Ejercicio Ciclo Emocional)

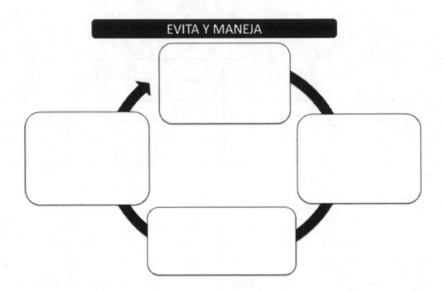

5) **AUTOREGULACIÓN**, con el ciclo emocional definido (sino lo tienes definido no podrás continuar con los ejercicios, tómate tu tiempo y continua reflexionando) que "**con mayor frecuencia**" aparece en tu vida vas a enfocarte en determinar las causas y razones del surgimiento de los sentimientos y emociones negativas. Deberás identificar la causa lógica, es decir, preguntarte el ¿Por qué? Surge este tipo de emociones y bajo qué circunstancias se generan. Las situaciones y circunstancias pueden ser variadas, sin embargo, enfócate en la situación que más te llama la atención y sobre todo en el que quieras trabajar para manejar el ciclo emocional y éste sea más rápido, suave y natural de pasar. La clave del crecimiento de la inteligencia emocional en este tipo de ejercicios es encontrar y trabajar con otros ciclos emocionales, de hecho puedes tratar con 2 o 3 ciclos emocionales al mismo tiempo, pero recuerda, en cada uno debes encontrar las causas o razones por las que surge el ciclo, llevar las emociones y sentimientos a nuestra parte lógica y por tanto a nuestra consciencia en donde podemos darle explicación clara y real dentro de nuestro día a día.

Ciclo emocional	Situaciones y circunstancias en el que aparece
	•
	•
	•
	•
	•

6) **AUTOMOTIVACIÓN**, escribe a continuación 5 cosas, características, habilidades o actitudes "buenas" de ti mismo, no importando qué sea, simplemente que sea algo bueno de ti. En la siguiente columna a la anterior coloca o marca la cualidad o habilidad o característica que es la que te define como persona, es decir, la cualidad, habilidad o característica que más te define y que todos pueden hablar bien de ti. Puedes marcar más de una.

Buenas Cosas de ti	La que más te define como persona
•	
•	
•	
•	
•	

Ahora que definiste tus características que más te representan y te define como persona, en la siguiente tabla menciona que "acciones y/o actividades" realizas a diario para fomentarla, cultivarla y/o mejorarla.

La que más te define como persona	Acciones y/o actividades para mejorarla
•	
•	
•	
•	
•	

Es claro que estas acciones y/o actividades que llegas a definir, tendrás que realizarlas todos los días, enfocarse a aplicar todas y cada una de las acciones que definiste, si existen acciones y/o actividades que no realices todos los días, selecciona las que lleves a cabo con mayor frecuencia. Esto es prioritario porque de lo contrario no tendrás forma de practicar con mayor frecuencia y tardará más tiempo tu incremento de inteligencia emocional. El esfuerzo de hoy te lleva a una extraordinaria recompensa mañana.

7) **AUTOMOTIVACIÓN**, la fotografía de tu diario andar es que puedas escribir en cualquier libreta, hoja, cuaderno o inclusive un grabador personal (cualquier teléfono móvil lo tiene) que designes como tú anotador de todos tus pensamientos, cabe aclarar que las anotaciones las puedes hacer en forma diaria o al menos en forma semanal, si crees que no tienes tiempo para anotar tus pensamientos, entonces aún no estás dispuesto a cambiar tus hábitos para cambiar drástica y positivamente tus resultados futuros. La fotografía de tu diario andar es el reflejo de tus pensamientos de lo que te agrada y lo que NO te agrada de tu día, anota ya sea de forma diaria lo que te gustó y no te gustó, ya sea que te gustó tu desayuno, te gustó una conversación, te gustó el amanecer, ir al gimnasio, leer el periódico, una revista, un libro, jugar con tu familia, actividades dentro de tu trabajo, etc., tú eliges qué hacer, cómo hacerlo, por qué lo haces y lo más importante cómo te sientes. Empezar el día bien te ayudará a avanzar de forma positiva y realizar mejor tus labores. Enlista las cosas que te gustan y las que no te gustan de acuerdo a la siguiente tabla:

Lo que más me gusta del día	Lo que NO me gusta del día

Una extraordinaria referencia de escribir lo que te gusta y lo que no, es el libro de Henriette Anne Klauser que se titula "¡Escríbalo… y hágalo realidad!", donde te lleva de la mano en el mundo de tus pensamientos y te fomenta a que escribas lo que hay en tu mente para llevarla al mundo real y consciente.

Las anotaciones las llevarás hasta que agotes todo lo que te gusta hacer día a día, llegarás el punto que no tengas que escribir más y entonces lee lo que hayas escrito, de tal forma que empezaras a darte cuenta que muchas cosas simples son tan emocionantes llevarlas a cabo, que la tarea será hacerlas día a día, este descubrimiento tan simple, pero tan poderoso, te dará la confianza y sobre todo la motivación de iniciar cosas que antes no tenías el agrado de iniciar. Cabe aclarar que de no llegar a este punto de motivarte a hacer cosas que antes no tenías intención de llevarlas a cabo, tu ejercicio no está completo, tus actividades que describiste no son lo suficientemente satisfactorias para motivarte a iniciar otras actividades nuevas, debes regresar a tu lista, revisarla y agregar más actividades que te gustan y hacerlas día a día para que te lleven a una motivación "Natural" en tu vida.

8) **AUTOMOTIVACIÓN**, La auto motivación viene por el apasionamiento y el entusiasmo que tenemos para hacer y conseguir aquello que buscamos. En cambio cuando alguien nos dice que hagamos algo que no nos gusta se presenta una desmotivación natural por la falta de interés en el tema. Ahora piensa en tu pasado que hiciste que te resultó muy bien, te resultó como lo esperabas, piensa en algo que te propusiste y lo hayas logrado a satisfacción tuya, te sientes orgulloso, te sientes feliz y por tanto te sientes satisfecho del logro que realizaste. Escribe lo que te propusiste en base a las siguientes preguntas:

- ¿Cómo lo lograste?
- ¿Qué sentiste cuando lo lograste?
- ¿Qué pensaste cuando llegaste al resultado final?
- ¿Cuál fue tu actitud?
- ¿Qué es lo que te motivó a llegar al resultado final?
- ¿Cuál fue tu estrategia?
- ¿Qué obstáculos encontraste y cómo lograste pasarlos?
- ¿Qué tipo de metas te fijaste?, ¿Lograste todas y cada una de ellas?
- ¿Trabajaste solo o realizaste actividades junto con otras personas?

Anota las preguntas que creas pertinentes y escríbelas en tu anotador personal. Todas y cada una de estas preguntas te servirán para darte cuenta que ya has logrado cosas espectaculares y grandiosas, pero sobre todo que han sido satisfactorias y te han hecho sentir muy feliz. No necesariamente todas las preguntas deben llevar respuesta, inclusive, puede haber más preguntas que tú puedes hacerlas para encontrar un hecho exitoso en tu vida, que te aseguro, lo tienes, solo que muchas ocasiones está perdido en nuestra memoria o peor aún, perdido en nuestro subconsciente. Cuando hayas definido tu hecho o hechos exitosos, lo que llevarás a cabo es la réplica de las circunstancias que te llevaron a lograr lo que te proponías, pero ahora con alguna situación actual, el objetivo es volver a pasar emocionalmente el hecho de lograr lo que te propusiste en el pasado, en algo nuevo que vas a iniciar, ya sea:

- Reducir talla de ropa,
- correr ciertos kilómetros a diario,
- caminar 30 minutos al día,
- correr un maratón,
- aprender a cocinar,
- leer un libro,
- hacer ejercicio en forma rutinaria,
- reunirse con alguien amado en forma frecuente,
- iniciar un negocio,
- cambiar de trabajo,
- escribir un libro,
- despertarte siempre a la misma hora,
- ser puntual,
- irte de vacaciones,
- comprar algo que te gusta mucho y no lo has podido hacer,
- asistir a lugares que no has podido ir,
- comprar un auto nuevo,
- comprar una casa nueva,
- tener tiempo con tu familia
- hacer cosas que ambicionas y no has podido por no tener tiempo y dinero.

En cualquier cosa que te propongas, sea de la lista anterior o algo que tengas en forma personal, asegúrate de aplicar el ciclo emocional descrito en el capítulo 3 en la figura 17 (interés, pasión, gratitud y amor), todo nuevo proyecto que inicies es prioritario que apliques este ciclo emocional, te hace sentir que te diviertes, te sientes feliz y satisfecho y sobre todo realizado con tu vida, inténtalo, llévalo a tu vida diaria y siente los extraordinarios resultados emocionales que obtendrás.

9) **EMPATÍA**, existe un viejo refrán que dice "Trata a la gente como te gustaría que te trataran a ti", sin embargo, en el fondo este refrán es toda una mentira que te puede llevar a maltratar a las personas, ya que las personas no sienten igual que tú, por lo tanto, no necesariamente requieren ser tratadas igual que a ti te gustaría, LO CORRECTO es que "trates a la gente como le gustaría ser tratada", para ellos debes hacer uso de una habilidad componente de la inteligencia emocional: la Empatía, a diferencia de lo que se cree popularmente, la empatía NO es la capacidad de sentir lo que el otro siente. Si fuera así estaríamos sufriendo altibajos emocionales durante todo el día. **La empatía es entender lo que otro individuo siente y responde en consecuencia.** Existen infinidad de ejemplos y de gran diversidad para describir la empatía, el clásico de parejas: una persona que forma parte de la pareja sufre y se siente muy mal por una situación personal, la otra persona, simplemente dice, "No exageres, no es para tanto", solo se murió tu perro, te puedo comprar otro de la misma raza, de hecho, podemos ponerle el mismo nombre de "Terry", la otra pareja se voltea y simplemente dice: "Cállate, tú no entiendes lo que era ese perro para mí". Que gran verdad le dicen a esta persona, casi a diario nosotros sufrimos de este mismo sentido de falta de empatía en nuestro trabajo, en nuestra familia e inclusive con personas que no conocemos en el tráfico, o en tú día a día. Pero la empatía es el punto clave para desarrollar el otro nivel de la inteligencia emocional y dar el salto a una dimensión de nuestro mundo que jamás hemos vivido, "entender y comprender" a las personas a través de sus sentimientos y no solo a través de sus acciones lógicas y congruentes con nuestra perspectiva y punto de vista. Uno de los ejercicios que te recomendamos para iniciar tu empatía es callar tu razón, callar tu lógica; normalmente le damos mayor importancia a las palabras, al texto, a lo que podemos ver y tocar y también damos gran importancia a lo que escuchamos, ya sea en una conversación a través de la radio, a través de dos personas e inclusive lo que estás viendo y oyendo en la televisión. Todo lo anterior hace que nos perdamos en nuestra lógica y razón, todo lo queremos entender o simplemente ver y escuchar, dejando fuera completamente a la intuición, al subconsciente y eliminando nuestra habilidad de interpretar y utilizar nuestro lenguaje NO verbal para escuchar y ver a otras personas, perdiendo la extraordinaria capacidad de la empatía por hacer uso excesivo de nuestra razón y lógica dejando que nos

controlen las cosas que nos rodean como es, la radio, la televisión, los periódicos sensacionalistas y demás medios que lo que hacen es callar tus pensamientos y desconectarte con tu interior y tu mente, así que, el ejercicio será que durante 1 semana completa o más vas a eliminar todo tipo de interferencia con tu interior, que es el paso inicial para practicar la empatía, por lo que eliminarás:

- Escuchar radio en todo momento
- Ver televisión en todo momento
- Leer libros, revistas, artículos, blogs.
- Ver Facebook, correo-e personal, twitter, etc.

Y te concentrarás durante esa semana en escuchar tu mente, en escuchar tus pensamientos y todos y cada una de tus emociones y sentimientos que surjan en esa semana, los temas que puedes enfocarte son:

- Tus objetivos personales
- Tus metas individuales
- Solución de conflictos y problemas, tanto personales, familiares, laborales, etc.
- ¿Cómo eres, qué haces y que tienes en 3 años?
- ¿Cuál es tu visión personal a 3 años?
- ¿Qué tipo de ciclos emocionales tienes hoy en día?
- ¿Cuál es la mejor forma de racionalizar mis emociones y pasar rápidamente mis ciclos emocionales?
- ¿Qué impedimentos emocionales tengo para el logro de mis metas?
- ¿Cuáles son las principales barreras (miedos, frustraciones, temores, decepciones, etc.) que me impiden llegar a lo que me propongo?
- Si no tuviera miedos, frustraciones, temores, decepciones, etc. ¿Qué haría, qué pensaría, qué sentiría, en dónde estaría?

Todos estos temas te servirán como base para entender, no solo a ti, sino a muchas personas, por la forma en que tú llegaste a tus conclusiones (que no será igual para todas las personas), pero los temas si son de todas las personas y podrás entablar una conversación con un conocido, amigo o familiar.

10) **EMPATÍA,** ahora que hemos establecido una línea directa con tu mente y que has podido manejar tus pensamientos con mayor control, el siguiente nivel de empatía es escuchar, escuchar y posteriormente a esto, es escuchar a otras personas, sean de tu círculo familiar, de amigos o conocidos. El tema de escuchar es una de las claves más importantes en la empatía, en lo personal, es hoy en día uno de mis más grandes retos: escuchar a las personas, aún cuando sé que he mejorado mi escucha, pero sin embargo, todavía sigo en el papel tradicional de hablar de "mi punto de vista", "contar mi opinión" y "te platico lo que pienso", cuando nadie nos ha pedido decir lo que pensamos, o lo que sentimos en un tema determinado. Así que, el ejercicio, será que al menos 1 vez al día escuches a alguien con el 100% de atención, sin comentar, sin decir nada del tema que estas conversando con una persona determinada. Cabe aclarar, que el tema que trates debe ser de interés para la contraparte, de lo contrario no habrá conversación, algunos temas que te puedo dar para iniciar una conversación y "escuchar" y "escuchar" sus comentarios y preguntar sobre el tema con un interés genuino, ya que de lo contrario difícilmente habrá una empatía, porque solo lo estás escuchando para el ejercicio y no lo haces con un interés de corazón. Los temas que te puedo ofrecer para hacer conversación y escuchar con atención y empatía los puntos de vista de la persona son:

- La familia (padre, madre, hijos, esposa, abuela, etc.,)
- El trabajo (Retos, objetivos, problemas, realización en el trabajo, etc.)
- La política y los acontecimientos de mayor relevancia en el país, solo pídele su opinión, algo así como: ¿Qué piensas de…?, ¿Tú piensas que…?, ¿Crees que sería mejor…?, etc.

Cada persona se acomoda con un tema específico, no solo te apegues a este tipo de temas, el reto es descubrir el tema de mayor relevancia para esta persona, ejemplo de ello, es que un padre o una madre hablen de sus hijos y lo logros extraordinarios hechos en la escuela, en el deporte o simplemente en casa; otro ejemplo tradicional es que la persona te hable de sus logros laborales actuales o en sus anteriores empleos. Nunca pierdas la oportunidad de preguntar, escuchar, seguir preguntando, escuchar, y escuchar y escuchar, y luego volver a preguntar, ésta es la clave para iniciar el verdadero nivel de empatía y elevar tu inteligencia emocional a grados que jamás has tenido. Aquí te dejo una liga de internet con un video de 18 minutos para entender mejor lo que es la empatía y no solo es colocarse los zapatos del otro.

http://habilidadsocial.com/ejercicios-de-empatia/

11) **HABILIDADES SOCIALES**, una de las evidencias del crecimiento de la inteligencia emocional es la forma en que nos relacionamos con las personas, aún cuando nos consideremos que tenemos muchos amigos, la pregunta es ¿cuántos nuevos amigos hacemos y continuamos frecuentando y comunicándonos con ellos?; este es el verdadero camino en el crecimiento de la relación social. Existe una refrán que dice: "Puedo contar a mis mejores amigos con los dedos de mi mano derecha", de nueva cuenta, la tradición social es una mentira completa, podemos tener mejores amigos de todo tipo de personas, diferentes culturas, ideas, pensamientos, creencias, religiones, tendencias políticas, etc., etc., no solo las que son afines a nuestros pensamientos y creencias, lo más importante por parte de nosotros es entender, relacionarnos y conectarnos con las demás personas de forma emocional sin importar el origen, la religión, la cultura, las creencias, etc., etc.

El ejercicio en esta parte de la inteligencia emocional, después de haber hecho todos los anteriores es el siguiente:

- Formar parte de una asociación civil dentro de tu comunidad.
- Formar parte de alguna asociación vecinal no lucrativa.
- Inscribirte a un voluntariado, como la siembra de árboles, separación de basura, etc.
- Formar parte de la asociación de padres de familia en la escuela de tus hijos (si los tienes).
- Inscribe a tus hijos a escuelas de deportes, idiomas o lo que ellos tengan preferencia, de esta forma podrás tener relación social con los padres.
- Inscríbete a escuelas de idiomas, deportes, ajedrez, pasatiempo o alguna otra preferencia tuya.
- Formar parte de un equipo de trabajo dentro de tu área laboral.
- Formar parte de comisiones de higiene y seguridad en tu trabajo o alguna otra comisión.

- Inscríbete a distintos tipo de debates de tu preferencia en Internet, linked in es una buena referencia para ello, algunos otros blogs de interés pueden servir. Aclaro que no es lo más recomendable este tipo de relaciones sociales ya que como es en forma electrónica es un medio sin emociones, pero que a la larga pueden servirte para tener una buena relación a distancia con los participantes, que sería el objetivo de este punto.

Si llegas a cumplir al menos uno de los anteriores puntos para poder relacionarte con otras personas, deberás aplicar todas tus habilidades de inteligencia emocional, conocer a otras personas a través de sus emociones, escucharlas en temas que a ellos les interesan, ser empáticos y entender las reacciones de sus emociones ante situaciones que ellos no controlan, nunca proporciones tú punto de vista o juicio en situaciones que NO te pregunten directamente tu opinión; éste último punto es uno de los más críticos en las relaciones sociales, ya que enjuiciar una situación pensado que las circunstancias se entienden puede desarrollar en una falta de conexión emocional y provocaría un choque entre 1 o más personas, mantente escuchando, siempre escucha, pregunta y escucha, pregunta y escucha; solo y únicamente cuando te soliciten tu punto de vista o tu opinión tendrás la obligación y el gran gusto de explayarte y dar una amplia explicación de lo que piensas del tema, y hasta decirle a tu interlocutor lo que tiene o no que hacer. La tentación de decir lo que pensamos o sentimos es el gran reto emocional y por tanto es un ejercicio que tendrás que llevar a tu vida diaria. El ejercicio es escuchar conversaciones, provocar conversaciones, incitar a la gente a hablar de ellos mismos o de un tema en particular, pero la clave de este ejercicio es mantenerse escuchando sin decir palabra alguna, más que asentando, afirmando o negando, pero no comentar nuestro punto de vista del asunto, hasta la ansiosa pregunta de nuestro interlocutor: Y .. ¿Tú que piensas?, ¿Crees que es correcto...?, ¿dame tu opinión ...?, solo hasta entonces podrás intervenir. Es el desarrollo del hábito de escuchar que te llevará a ser empático e incrementar tu inteligencia emocional para ser aplicado a tu liderazgo e influyas a toda la gente en forma positiva.

12) **HABILIDADES SOCIALES**, existen habilidades que debemos desarrollar para facilitar y ayudarnos a ser empáticos y por tanto, relacionarnos con personas NO afines a nosotros, estas habilidades son:

- Apego: capacidad de establecer lazos afectivos con otras personas.
- **Cooperación**: capacidad de colaborar con los demás para lograr un objetivo común.
- **Asertividad**: capacidad de defender los propios derechos y opiniones sin dañar a los demás.
- Comunicación: capacidad de expresar y escuchar. Sentimientos, emociones, ideas, etc.
- Autocontrol: capacidad de interpretar las creencias y sentimientos propios y controlar los impulsos.
- Comprensión de situaciones: capacidad para entender las situaciones sociales y no tomarlas como algo personal, o culparse de determinadas cosas.
- Resolución de conflictos: capacidad para interpretar un conflicto y sacar alternativas de solución al mismo.

De todas estas definiciones he subrayado la cooperación y asertividad, que no he hablado de estas dos habilidades y que son prioritarias en el tema de mejorar las relaciones sociales. Crear una red de personas con el objetivo de hacer sinergia, trabajo en equipo, generar negocios, facilitar nuestro trabajo, generar una convivencia sana y saludable, incrementar la seguridad en nuestros hogares en base al crecimiento de la red vecinal o simplemente tener más amistades; lo cierto es, que un crecimiento de tu red de personas a través del crecimiento de tu habilidad para relacionarte con ellas, siempre será beneficiosa de alguna u otra manera, el crecimiento de tus redes sociales tendrá un beneficio directamente a tu persona, ya sea en forma individual, familiar, laboral o inclusive financiera, la relaciones humanas es una condición básica del ser humano, éste debe mantenerse en contacto con sus similares para poder crear una estabilidad emocional y crear más de lo que puede hacer si lo hiciera solo. Pero una de las habilidades que deberás desarrollar como prioritaria y principal de la lista anterior es la de Cooperación o ayuda a los demás, no hay una mejor respuesta de la gente dentro de tu red de personas y para conectarlas en forma emocional que ayudarlas en lo que ellas necesitan. Ayudar a otras personas en lo que nosotros podamos no es suficiente para conectar a la gente de forma emocional, debemos ayudar a las personas en lo que necesitan ellas de tal forma que, si no puedes hacer lo que ellas necesitan, entonces no podemos ayudarlos. Nuestra habilidad de cooperación, ayuda o de servir a otros de la mejor forma que ellos necesitan debe hacerse de una forma desinteresada, honesta y clara. El único objetivo que debemos de tener en mente cuando ayudamos a otras personas es el simple hecho de generarnos en nosotros mismos un sentido de logro al ayudar a otras personas, una satisfacción de poder contribuir en la necesidad de otro ser humano.:

- "Da siempre viendo desde tu corazón, nunca desde tus bolsillos".
- "No es dar hasta que duela, es dar hasta que seas feliz".
- "Vivir sin ayudar a tu semejante es como no tomar agua para tu cuerpo".
- "No puedes vivir sin servir a otros, porque entonces los otros no te ayudarán a ti".
- "Cuando Dios nos cierra una puerta, siempre al menos deja una ventana abierta para que puedas ver el mundo tan extraordinario que hay afuera".
- "Yo te ayudo en lo que tú necesitas, ahora tu compromiso es que tú lo harás igual para otra persona".
- Si me dejas entrar en tu vida, seré más feliz que ayer, pero si me dejas ayudarte, mi misión en la vida estará completa".

El ejercicio en este punto es:

Ayudar a la gente en lo que necesita, empieza a ver a tu alrededor como puedes ayudar a otros en lo que necesitan, ayudar a cualquier persona es tu encomienda, tu objetivo principal es detectar todas las personas que necesitan tu ayuda de la forma en que TU puedes proporcionarla, recuerda que habrá muchas personas que necesitan ayuda, pero de la forma en que puedes apoyarlas solo algunas, estas personas requieren tú ayuda y la aceptan como la puedes dar, está es la forma que puedes contribuir, detecta personas para ayudar en diversas situaciones y lugares:

- Bancos.
- Supermercados.
- Tiendas en general.
- Tu familia.
- Tu círculo de amistades y conocidos.
- Tu trabajo.
- Tu iglesia (si vas a una).
- La escuela de tus hijos(as) (si los tienes).

- La zona en donde vives (vecinos y comunidad en general)
- Etc.

13) **ACTITUDES DE LIDERAZGO**, como vimos en el capítulo del perfil emocional para el liderazgo en la figura 19, describimos las 4 actitudes que debemos desarrollar como base para poder hacer crecer las habilidades del líder descritas en el capítulo 2 de liderazgo. Enfócate en desarrollar las actitudes siguientes:

- PERSEVERANCIA: Lograr "TODO" lo que nos proponemos.
- PERSISTENCIA: Pasar todo tipo de obstáculos en el camino para lograr lo que nos proponemos.
- DISCIPLINA: Realizar todo lo que pensamos que debemos hacer, con consistencia y con una frecuencia determinada.
- RESILIENCIA: Levantarnos todas las veces que nos derrotan en el camino hacia nuestros logros propuestos.

Es la clave para el desarrollo de habilidades de liderazgo las 4 actitudes antes mencionadas, cabe aclarar que nos enfocamos en las actitudes porque éstas son una "decisión" de llevarlas a cabo o no en nuestra vida, a diferencia de las habilidades que son el resultado de practicarlas y practicarlas todos los días y que puede llevarte un poco más de tiempo y posiblemente mayor desgaste, en cambio, cuando tomas la decisión de llevar actitudes como la perseverancia, la persistencia, la disciplina y la resiliencia a tu vida, se facilita enormemente el desarrollo de habilidades como:

HABILIDADES PARA DESARROLLAR AL LÍDER QUE ESTÁ EN NOSOTROS

1. VISIÓN CLARA DE LO QUE QUIERES Y HACIA DÓNDE TE DIRIGES.
2. INICIATIVA (Buscar nuevos proyectos y trabajar en donde otros no lo han hecho).
3. COMUNICACIÓN CLARA Y CONCRETA (Compartir y asegurar el entendimiento).
4. ADAPTARSE A LOS CAMBIOS (ser flexible).
5. TRABAJAR EN EQUIPO (todos tenemos un rol donde mejoramos habilidades).

6. APRENDER CONTINUAMENTE (el conocimiento es parte del crecimiento).
7. DESARROLLAR GENTE Y SER COACH (líderes creando otros líderes).
8. CREAR VALOR ECONÓMICO (enfocarse al resultado de la organización).
9. PROMOVERSE A SI MISMO (difundir los logros de la organización).

Es por ello que nos enfocaremos en el desarrollo de actitudes para desarrollar naturalmente las habilidades, recuerda que las actitudes son una decisión que tomamos ante hechos NO controlados por nosotros mismo, los ejercicios en cada uno de las actitudes se verán a continuación.

14) **Perseverancia y persistencia:** Establece una meta. Sé específico acerca de los resultados que quieres lograr. Sé específico sobre tu línea de tiempo por la cual quieres ir obteniendo tus resultados. Además de establecer una meta, asegúrate de que sea algo que puedas lograr razonablemente.Con cada objetivo y meta fijada tendrás un plan de actividades para llegar a lograr lo propuesto, siempre asegúrate de aplicar el ciclo emocional positivo visto en la figura 17 (Interés, pasión, gratitud y amor). Al aplicar el ciclo emocional, las actitudes de persistencia, perseverancia, disciplina y resiliencia automáticamente se verán reflejadas durante el camino hacia el logro de lo que te propongas.

Anota tu meta en alguna parte donde la puedas ver con frecuencia, ésta puede estar en un diario, notas adhesivas, un poster en la pared, etc., algunas de los objetivos o metas que te puedo proponer son:

- Bajar 2 kilos de peso en un mes.
- Comer menos alimentos de origen animal (carne roja) al menos 3 veces a la semana.
- Comer frutas y verduras 2 a 3 porciones de cada una, 4 veces a la semana.
- Eliminar totalmente las aguas carbonatadas y endulzadas con azúcar y tomar agua natural.
- Tomar diariamente 25 mililitros (.025 litros) de agua por cada kilogramo de peso corporal.
- Disminuir el café a la mitad de lo que estas tomando hoy.

- Caminar 30 minutos al día.
- Fumar la mitad de lo que lo haces hoy (si fumas).
- Ser puntual en todas tus citas y llegadas al trabajo (puntual es llegar al menos 10 minutos antes de la hora).
- Leer 1 libro cada mes durante 10 meses.
- Escribir un artículo dentro de tu blog preferido.
- Dormir de 7 a 8 horas diarias.
- Ahorrar el 1% de tu ingreso neto mensual (en caso de no ahorrar nada)
- Ahorrar el 10% de tu ingreso neto mensual (en caso de ahorrar algo).
- Evitar al 100% el pago con tarjetas de crédito en cualquier tipo de gastos.
- Llevar un presupuesto de ingresos y gastos y tener registro mes a mes.
- Incrementar tus ingresos netos mensuales en un 10% a través de invertir en un negocio, inversión de metales, inversión en una 2ª actividad laboral, fondos de ahorros para el retiro, fondo del gobierno, etc.

Son algunos objetivos con sus metas que puedes llevar a cabo, el objetivo de este ejercicio es fijar un objetivo y meta (puede ser de la lista anterior o una que tu tengas en forma personal o particular) y trazar las acciones y actividades que vas a llevar a cabo para el logro, recuerda que debes colocarle una fecha de inicio y una fecha de finalización para su revisión, evaluación y corrección en dado caso. La fijación de metas es un tema extenso y profundo por lo que te recomiendo en caso de querer profundizar en los conceptos accedas a la siguiente liga (http://es.wikihow.com/ ser-perseverante) para facilitar la forma de determinar los objetivos y metas.

La fijación de metas y determinar las acciones y actividades que llevarás a cabo para el logro de lo que te has propuesto es la forma en que vas a entrenarte y adoptar en forma voluntaria y consciente las actitudes de perseverancia, persistencia, disciplina y resiliencia. Recuerda que la perseverancia es lograr tu meta en el tiempo estipulado por ti mismo asegurando mantenerte en el camino y seguir el plan o pasos que trazaste; la persistencia no es más que mantenerse en el camino durante el logro de tu meta, indudablemente vas a tener obstáculos, problemas, barreras, piedras y percances que te hagan desistir en el logro de tu meta, por lo que pasar todo este tipo de situaciones que te pueden detener le llamamos persistencia, recuerda que en el peor de los casos te hagan renunciar (como millones de personas hacen) para alcanzar tu meta y objetivo y entonces habrás perdido la carrera y fracasarás en tu capacitación para adoptar las actitudes necesarias. Algunos autores no hacen gran diferencia entre la persistencia y la perseverancia, ésta última es la que te va a llevar hacia el logro de tus metas y objetivos, y la persistencia es la actitud que deberás adoptar cada vez que te enfrentes a problemas y los superes.

15) **Disciplina y resiliencia**, Seguido de la fijación y determinación de metas y objetivos, se trazó un plan con las actividades y acciones que deberás realizar en tiempo y en forma, esto quiere decir que, deberás seguir el plan trazado con "**disciplina y constancia**" modificando únicamente las actividades y/o acciones, porque como ya dijimos, se encontrarán barreras, problemas y obstáculos que te harán desistir y rendirte en el logro de tu meta, cada vez que recibas un problema, un obstáculo o simplemente una barrera que te hizo detenerte, la acción de seguir en el camino y mantenerte en el plan que trazaste o que lo modificaste, le llamamos resiliencia, que es la actitud libre de levantarte cuantas veces te vayas al "piso" cuando encuentres barreras y obstáculos. Cuando inicies el camino o plan para el logro de cualquier tipo de objetivo y meta, deberás estar 100% consciente que habrá barreras, obstáculos y problemas que te harán desistir y renunciar, por lo que si tú crees que no vas a tener "retos" es mejor que desde el inicio no comiences el logro de una meta, tu camino YA TERMINO, y cerremos el libro y mejor regalémoslo a alguien que si está dispuesto a cambiar para generar resultados extraordinarios que jamás haya logrado. Recuerda que tu trabajo o proyecto es convertirte en un líder emocional para poder influir positivamente en la gente y cambiar tu mundo hacia lo que más deseas y cambiar a la gente para andar el mismo camino que tú recorriste. Reflexiona lo siguiente:

- **"Si continuamos como somos ahora, jamás seremos lo que necesitamos ser"**
- **"Todo lo que te propongas, lo puedes conseguir de inmediato, siempre y cuando tus sueños y objetivos sean más grandes de lo que vives hoy."**
- **"Cuando duela dar el primer paso a tu éxito, la satisfacción será permanente, sin embargo, si el primer paso es tu propia satisfacción, el dolor será permanente."**

- **"Comprometerse y ser responsable ante algo es hacer todo lo necesario y hasta lo imposible para cumplirlo."**
- **"Cuando te enfocas en tus miedos y frustraciones, nunca encuentras las soluciones porque siempre vemos las cosas peor de lo que realmente son".**
- **"Jamás desistas, porque el fracaso inicia en el momento que dejas de seguir".**

16) Habilidades para desarrollar al líder que está en nosotros

- VISIÓN CLARA DE LO QUE QUIERES Y HACIA DÓNDE TE DIRIGES.

Define una visión personal partiendo de preguntarte lo siguiente:

¿Cómo serías?, ¿Qué estarías haciendo? ¿Qué tendrías?, de hoy a 3 años, asegúrate de contemplar dentro de tu visión, la claridad de estas 3 dimensiones (ser, hacer y tener) en temas como tu familia, personal, laboral, financiera y económica, espiritual, etc. Ejemplos: 1) Encuentro a líderes transformacionales que ayuden a toda la gente a lograr sus sueños más ambiciosos, 2) Soy un líder transformacional para influir positivamente en toda la gente a mi alrededor, 3) Soy independiente financieramente para ayudar a la gente a conseguir su libertad económica, 4) Soy un líder transformacional dentro de la empresa … y tengo una influencia positiva de 360°, 5) Desarrollo a líderes transformacionales que impactan en la vida de toda la gente para cambiar su calidad de vida.

- INICIATIVA (Buscar nuevos proyectos y trabajar en donde otros no lo han hecho).

Siempre buscar nuevos proyectos, nuevas actividades, siempre algo nuevo que iniciar, esto te mantendrá aprendiendo con un gran interés. Todo lo nuevo que inicies te llevará a nuevos retos, a nuevos miedos, a nuevas barreras y te deberá llevar a practicar tu persistencia, perseverancia, disciplina y resiliencia. Ver el ejercicio 8 de este capítulo, iniciar algo nuevo y aplicar ciclos emocionales y actitudes de liderazgo.

- COMUNICACIÓN CLARA Y CONCRETA (Compartir y asegurar el entendimiento).

La comunicación no solo es decir las cosas en forma clara, concreta y repetirla de la misma forma muchas veces. La comunicación clara y concreta inicia primero definiendo con quien te vas a comunicar, que tengas al menos una relación emocional de escucha y que hayas ayudado en lo que necesitan a todos y cada uno de los que quieres comunicarte para que entiendan el mensaje. De no tener al menos estas dos premisas, la comunicación será tradicional, es decir, solo comunicarás, difundirás y algunos con cierto interés en el mensaje entenderán a medias, y entonces, se vuelve muy relevante y apremiante la relación emocional con tu círculo de influencia

- ADAPTARSE A LOS CAMBIOS (ser flexible).

En varios puntos del libro y más aún, en el punto de "iniciativa" de esta sección, se debe generar nuevas actividades e involucrarte en nuevos temas y como ya hemos dicho, las barreras y problemas se presentarán y deberás desarrollar la habilidad de ser flexible a los cambios, aún cuando tienes un plan trazado, tendrás que modificarlo y cambiar acciones y actividades y adaptarte a estos cambios, tan drásticos o suaves que sean. Entre más rápido te adaptes a los cambios más eficiente serás en lograr tus metas, uno de los temas de mayor dificultad para el ser humano es la adaptación a los cambios, sin embargo, tú debes entender que habrá cambios y que tendrás que tener una actitud flexible para adaptarte lo más rápido posible, de tal forma que los cambios serán con mayor naturalidad y menos bruscos. Así como las barreras, los problemas o los percances son obligatorios durante el camino hacia el logro de lo que te propones, los cambios también son de la misma naturaleza, pero lo más importante es adaptarte de inmediato a las modificaciones de tu plan y mantener la meta y el objetivo sin modificar.

- TRABAJAR EN EQUIPO (todos tenemos un rol donde mejoramos habilidades).

Como vimos en el ejercicio No. 11 de éste capítulo, mencionamos las habilidades sociales y la gran importancia de pertenecer a un grupo y describimos algunas de los ejemplos, mencionando que NO solo el equipo en tu trabajo es el único válido, algunos ejemplos más que te damos son:

- Unirte a un grupo de deportistas en la zona donde vives.
- Unirte a casa de cultura donde participes en alguna clase o actividad.
- Formar un grupo de debate vecinal con temas de interés a la comunidad.
- Unirte a clubes de lectura.
- Unirte a cualquier tipo de equipo de trabajo, sea en tu comunidad, trabajo, etc.

El objetivo principal de éste punto es pertenecer a un grupo de personas y que tu desempeñes algún actividad o responsabilidad de tal forma que te desarrolles e interactúes con gente similar, igual o completamente diferente a ti. Crear una red de personas y trabajar con cada uno de ellos en un objetivo común, es la relevancia del trabajo en equipo, lograr las acciones que se propongan, pero sobre todo, lograr los resultados fijados en el equipo. Aprender a trabajar junto con personas diferentes es el reto para desarrollar, no solo la inteligencia emocional, sino también, nuestro liderazgo.

Asegúrate de participar y estar dentro de un rol más cómodo y natural para ti, sin importar la aportación dentro del equipo, solo asegúrate de participar con compromiso y responsabilidad que tu adquieras voluntariamente.

- APRENDER CONTINUAMENTE (el conocimiento es parte del crecimiento).

Existen muchas claves para nuestro crecimiento personal y poder transformarnos en líderes, esto es, se puede tener todo visualizado y planeado, pero sin la acción, no llegamos a nada, o como lo es la perseverancia, podemos tener visualizado y planeado todo e inclusive estamos accionando enfocados en nuestros objetivos y metas, pero no estamos preparados para los obstáculos y cualquiera que se nos presente, dejamos lo que ya hemos construido; pero una parte primordial en el inicio de todo viaje de transformación, es el conocimiento, y te reitero, no solo es el conocimiento adquirido, debe ser el conocimiento "aplicado". No solo basta con saber y conocer una gran cantidad de definiciones, hechos o inclusive experiencia de otras personas, lo más importante es aprender y aplicar todo tipo de conocimiento, es por ello, que afirmo cualquier tipo de conocimiento adquirido es muy bueno, pero todo el conocimiento adquirido que sea aplicado a tu vida diaria es extraordinario, ya que no solo te hará feliz la aplicación de tus conocimientos, te traerá beneficios en diferentes dimensiones (individual, laboral, familiar, espiritual, etc.) que hará cambiar y modificar tu vida y por tanto tus resultados se verán transformados. Es muy claro que el adquirir y aprender el conocimiento para tejer una prenda de vestir como un chaleco, una bufanda o alguna otra cosa, es imprescindible la aplicabilidad de este conocimiento para cierto tipo de personas, pero te aseguro que, para personas como nosotros, que estamos enfocados en transformarnos en líderes emocionales para influir en las personas en forma positiva para ayudar a todos a realizar sus sueños más ambiciosos, este conocimiento pasa a segundo o tercer término, no es necesario, no es parte de nuestro equipaje para lograr el liderazgo. Por lo anterior te recomiendo dos temas para vivirlos, conocerlos, pero sobre todo aplicarlos en cada momento de tu vida, estos temas son:

a. INTELIGENCIA EMOCIONAL
b. INTELIGENCIA EMOCIONAL PARA NIÑOS
c. LIDERAZGO TRADICIONAL
d. LIDERAZGO EMOCIONAL
e. LÍDER DEL CAMBIO O TRANSFORMACIONAL

A continuación te enlisto toda una serie de libros que puedes adquirir en cualquier tipo de librería y que son temas que te recomiendo, recuerda que lo más importante de éste conocimiento que te voy a enlistar es aplicarlo a tu vida diaria, sea en tu familia, tu trabajo, tu negocio, tus actividades diarias, etc. La diferencia entre la persona que sabe y un sabio es que la primera conoce mucha información con poca aplicación, mientras que el segundo, sabe menos información, pero toda la ha aplicado a su vida, por tanto, tiene experiencia en aplicar el conocimiento adquirido. No solo tomes los libros que te enlisto, adiciona más títulos a esta lista, cómpralos, léelos y aplica todos los conceptos que puedas y que te parezcan interesantes en tu vida, recuerda la aplicabilidad de los conocimientos adquiridos es lo más importante.

Te adiciono la siguiente información para que la tomes de referencia en tu tiempo que dedicas al aprendizaje a través de la lectura. El tiempo de lectura de cada libro es de alrededor de 1 mes, es decir cada libro debes de iniciarlo y finalizarlo en un mes aproximadamente, tu tiempo promedio de lectura al día es de al menos 30 minutos. En 2013 la agencia NOP World realizó un listado en función de las horas semanales que las personas dedican a leer. Así, los resultados del ranking de cultura "Hábitos de medios" en el mundo, de la firma encuestadora de medios y mercados estima que en promedio las personas dedican a la lectura 6.5 horas semanales. Por lo que la lista de los 10 países que más "horas a la semana" dedican a lectura son:

1. India: 10.7
2. Tailandia: 9.4
3. China: 8
4. Filipinas: 7.6
5. Egipto: 7.5
6. Republica Checa: 7.4
7. Rusia: 7.1
8. Suecia: 6.9
9. Francia 6.9
10. Hungría: 6.8

Ahora la pregunta que nos haríamos, ¿Cuántas horas tu lees a la semana?, no cuenta leer correo-e, redes sociales, letreros en la calle o en la televisión, manuales de electrodomésticos o cualquier tipo de guía del usuario de equipo electrónico, entre lo más importante. Sí cuenta para tus horas de lectura, libros, artículos, revistas, periódicos, blogs, audiolibros o audios de conferencias, asistencia a foros, sea en vivo o a través de webinar (por internet), etc.

La lista de libros que te "recomiendo" son:

Desarrollo de habilidades como Directivo o dueño de tu negocio

1. Actitudes y Altitudes, Pat Mesiti.
2. Plan de Vuelo, Brian Tracy.
3. ¡Despierta, Estas vivo!, Arnold Fox.
4. "Cualquier" libro de Og MANDINO, compra el libro que desees de Og Mandino y será una guía garantizada.

Liderazgo en la empresa o en tu negocio

1. Equipos triunfadores, Mark Miller.
2. 11 Principios para ganarse la confianza y el aprecio de los demás, Michelle Tillis Lederman.
3. Totalmente comprometido, Brian Tracy.
4. "Cualquier" libro de John Maxwell, compra el libro que desees de John Maxwell y será una guía garantizada.
5. Secreto del éxito, Pat Williams.

Confianza en lo que tú quieres llegar a ser

1. Comienza donde estas, Chris Gardner.
2. Poder Sin Límite, Anthony Robbins.
3. Compromiso Absoluto, Dick Hoyt.
4. Sobre Hombros de gigantes, Rhondalynn Korolak.
5. Las claves del pensamiento positivo, Napoleón Hill.

Hacer crecer tu negocio o visualizar otros

1. Sea un auspiciador estelar, Mary Christensen.
2. La diferencia, Jean Chatzky.
3. El Árbol rojo del multinivel, Mario Rodríguez.
4. La transformación Total de su Dinero, Dave Ramsey.
5. Los nuevos profesionales: el surgimiento del network marketing como la próximo profesión de relevancia, Charles W. King & James W. Robinson.
6. La escuela de negocios, Robert T. Kiyosaky.
7. Marketing Multinivel, María Dolores García Sánchez.

• DESARROLLAR GENTE Y SER COACH (líderes creando otros líderes).

El conocimiento aplicado es parte esencial en el desarrollo de las personas y otros líderes, ya que la experiencia que desarrollas al momento de aplicar lo que aprendes es la clave para crear a otros **líderes. Este punto también lo podemos llamar líderes desarrollando a líderes, esta declaración no debe ser privativa o limitativa de nadie ni de ningún tipo de empresa o persona, es muy claro que el camino de**

liderazgo es largo, pero jamás pesado o difícil, así creemos que es el camino porque jamás lo hemos pasado, solo vemos la cuesta, pero no los resultados, vemos los obstáculos y barreras, pero jamás lo vemos como algo bonito y placentero en el aprendizaje y la extraordinaria experiencia que obtenemos al abrirnos paso hacia nuestros logros. Esto anterior y durante varios años de aplicación y experiencia es lo que hacemos para formar a otros líderes en el mismo camino.

Es muy claro que para realizar la labor de un líder que desarrolla a otros líderes, primero nosotros tenemos que ser líderes y la segunda tarea es desarrollar a otros igual o mejor que tú. Para ello los ejercicios para este punto son:

1. Selecciona a la persona que cumpla con el perfil de un líder transformacional.
2. Proporciónale información del tema de inteligencia emocional y liderazgo.
3. Pregúntale si tiene definidos conceptos acerca de su visión personal, sus objetivos y metas.
4. Pregúntale que quiere ser, hacer y tener en los próximos 3 a 5 años.
5. Que está dispuesto a dar para llegar a ser, hacer, y tener en los próximos 3 años.
6. Esta dispuesto a entrar en un programa de liderazgo donde hay mucho trabajo, más esfuerzo, tiempo que invertir, conocimiento que aplicar y poca vida personal, pero unos resultados extraordinarios jamás vistos por el mismo.
7. Diseña un programa en el que al menos tenga lo siguiente:

   a. Exponerlos a cambios radicales y críticos (Proyectos ambiciosos).
   b. Rotarlos a puestos donde no cuenten con competencias y experiencia.
   c. Pasarlos por áreas de su especialidad fuera del actual.
   d. Aceptar el coaching.
   e. Aceptar la mentoría.
   f. Capacitación tradicional teórica.

8. Diseña un programa de entrevistas en forma periódica y frecuente.

9. Déjalo ir.

- CREAR VALOR ECONÓMICO (enfocarse al resultado de la organización).

El concepto lo desglosamos en el capítulo 2 de liderazgo y lo definimos como: aumentar los ingresos (Ventas) a través de adicionar nuevos procesos, nuevos servicios e inclusive nuevas áreas; el líder transformacional debe tener muy claro el tipo de proyectos que debe iniciar con su equipo de trabajo para verdaderamente agregar valor económico a la empresa, además proporcionamos algunos ejemplos de lo que es verdaderamente crear valor económico. Si dentro de una empresa los ejemplos vistos en el capítulo 2 se referían a:

- "Agregar valor económico" es que adicionen a su red de distribución el servicio de mensajería y paquetería a terceros.
- Maquilar productos de la misma competencia, este es agregar valor económico.
- Crear valor económico con un proyecto para almacenar otro tipo de productos completamente diferentes a los tuyos a empresas fuera de tu ramo industrial.
- Administrar cuentas por pagar, cuentas por cobrar, nóminas, etc., etc., y poner a disposición de otras empresas, iguales, similares o de diferente sector industrial, creando valor económico para la empresa.
- La empresa tratará el agua residual de otras empresas o inclusive de la comunidad que impacta.
- Cobrar a diferentes tipos de clientes la quema de desperdicios orgánicos, asegurando el cumplimiento legal ambiental.

Estos y muchos otros son ejemplos de la creación de valor económico dentro de una empresa, pero ahora nos enfocaremos en la creación de valor económico en "una persona", el concepto lo aplicamos para que puedas practicar la definición en tu vida diaria y poder aplicarla hacia todo lo que puedas incluyendo la empresa o negocio en el que trabajas, así que, la definición de crear valor económico en una personas es: incrementar tus ingresos sin disminuir tus gastos y manteniendo tu calidad de vida actual, por lo que los ejercicios que colocaremos para crear valor económico son:

1. Leer el libro "La transformación total de su dinero" del autor Dave Ramsey.
2. Realiza un presupuesto de tus ingresos y egresos y lleva un registro mes a mes.
3. Ahorra el 1% de tus ingresos netos mensuales durante 3 meses no consecutivos durante 6 meses.
4. Ahorra el 10% de tus ingresos netos mensuales durante 6 meses y 4 de ellos consecutivos.
5. Continúa ahorrando el 10% de tus ingresos mensuales durante 1 año más.
6. Invierte y crece en un negocio multinivel.
7. Invierte el 40% de tus ahorros en un Fondo de inversión para el retiro.
8. Invierte el 20% de tus ahorros en Fondos de inversión del gobierno.
9. Invierte el 20% de tus ahorros en Fondos de inversión variable (Acciones de mercado libre).
10. Invierte en la compra de bienes para rentarlos.
11. Continúa invirtiendo en más bienes para rentarlos
12. Hasta este punto debes generar al menos un 60% más de ingresos sobre lo que ganas.
13. Invierte en un negocio tradicional.
14. Busca en todo momento en dónde invertir tu dinero para que continúe creciendo sin que tú trabajes.

De no tener ahorros o dinero en que invertir, no podrás pasar más allá del punto 6 y entonces se vuelve prioritario la lectura del libro de Dave Ramsey y puedas entender la importancia del ahorro, su control y crecimiento en todas sus formas, cabe aclarar que la generación del dinero NO ES EL FIN ÚLTIMO, NO deberá ser el objetivo final que persigas, EL DINERO SOLO ES UN MEDIO O UNA HERRAMIENTA para lograr satisfactores o una calidad y estilo de vida, pero jamás será lo que nos mueva en la vida, detrás del dinero es por lo que trabajamos, por lo que nos esforzamos, por lo que podemos sacrificar algo para obtener otras cosas mejores.

• PROMOVERSE A SI MISMO (difundir los logros de la organización).

Los niveles de promoción es la forma en que nos reciben y perciben lo demás, lo que queremos decir es lo siguiente:

NIVELES DE PROMOCIÓN DE UN LÍDER

A. Si nuestra promoción está centrada en los logros que nosotros hicimos, nos verán como falto de liderazgo y simplemente nosotros somos los que logramos todo.

B. Si promovemos que alcanzamos los grandes resultados propuestos y que hicimos ahorros espectaculares dentro de la empresa a través de innovaciones, nuevos procesos y productos, simplemente estamos promoviendo que somos extraordinarios persiguiendo resultados excelsos.

C. Si promovemos que los resultados fueron obtenidos a través del trabajo en equipo, la sinergia y la ayuda y apoyo de un conjunto de personas enfocadas hacia objetivos comunes con beneficios colectivos, nuestra promoción está centrada en generar grandes equipos de trabajo que alcanzan las metas propuestas, la articulación de personas de diferentes ideologías que son conjuntadas y enfocadas hacia los resultados establecidos con anterioridad, la promoción se recibe y se percibe como el líder de un equipo extraordinario que influye en un pequeño grupo de personas para el logro propuesto.

D. Si promovemos que los resultados obtenidos fueron a través del desarrollo de otros líderes que influyen en un conjunto de equipos de alto desempeño y que estos a su vez influyeron en un conjunto de personas enfocadas a los resultados propuestos, la promoción se recibe y se percibe como el extraordinario líder que desarrolla a otros líderes para crear un impacto enorme en la compañía, generando la gran expectativa que debe crearse alrededor de un verdadero líder transformacional de impactar en los resultados a través de otros líderes que fueron desarrollados en sus propios equipos de alto desempeño.

Crear algo digno de ser promocionado es el objetivo que tenemos que tener en nuestra mente, siempre con un sentido de humildad, en el que edifiques a otros, pero sobre todo con el sentido de que los resultados son ajenos a ti y logrados por otros, solo eres parte de un gran engranaje de trabajo enfocado. Tu reputación está claramente vinculada al trabajo que realizas, las ideas que promocionas y las acciones que llevas a cabo en conjunto con otros.

La mejor manera de obtener una mejor auto-promoción es crear un producto o servicio que sientas orgullo en promocionar. Compartir tu entusiasmo es una gran manera de hacer tu mejor esfuerzo a la hora de promocionar cosas.

Los ejercicios que te propongo para que puedas promocionar tus resultados y logros en una forma humilde y con un sentido humano, participativo y sobre todo como líder transformacional son:

- Busca en tu círculo de conocidos y amigos alguien con resultados que llamen la atención y pregunta cómo le ha hecho para presentar sus resultados.
- Busca alguien dentro de tu empresa o negocio al que distingas con resultados buenos a sobresalientes y pregunta cómo ha hecho para presentar y promover sus resultados obtenidos.
- Determina un producto, servicio, proyecto o trabajo en el que tienes intención de promover y compartir con entusiasmo hacia otras personas.
- Define el nivel de promoción en que el trabajo que quieres promover se encuentra, sea en el nivel A, B, C, o D.
- Estructura el trabajo a promover enfocándote al nivel de promoción y empezando con el objetivo propuesto, la meta, seguido de los resultados y los pasos que se siguieron.
- Dentro de esta presentación debes estructurar la forma de replicación del mismo trabajo hacia otras áreas, de no ser así, coloca que es un trabajo para un área en particular.

En términos generales, la promoción de resultados es igual cuando tenemos que practicar nuestros logros personales, en el ejercicio No. 14 de esta sección referente al tema de perseverancia y persistencia, propusimos diferentes objetivos y metas que puedas implementar, cuando llegues a su fin y logres alguno de éstas entonces estarás en la posibilidad de promover estos resultados con humildad, sentido humano y con el objetivo de compartir para que otros puedan replicar la forma en que llegaste a tus objetivos y metas.

CONCLUSIONES

A través de este libro hemos visto dos conceptos que son muy relevantes, no solo para las personas, sino, también para las empresas, el gobierno y principalmente la sociedad ya que hoy en día estamos inmersos en una extraordinaria necesidad de liderazgo. Pero hablar solamente de liderazgo es como hablar de un tema aislado que se maneja de forma unilateral y que tiene consecuencias muy particulares, pero la realidad de hoy en la segunda década del SXXI es necesario complementar un tema que durante muchos años ha sido relevante y necesario y que no es privativo de las grandes empresas o de las personas con una educación universitaria, o peor aún, que el liderazgo es exclusivo de una parte de la sociedad que puede tener acceso a ello a través de un poderío económico, no hay peor justificación ante ti mismo y una pobreza mental que demostrarías al negarte al desarrollo de tan grandes capacidades que tienes y que no has tenido la decisión de desarrollarlas, y obtener lo que todo ser humano se merece, que es la extraordinaria satisfacción de lograr todo lo que te propongas a través de un liderazgo emocional.

El perfecto complemento del líder del SXXI, es y seguirá siendo por más de 50 años la inteligencia emocional, concepto poco conocido, poco valorado y por tanto poco utilizado, tanto es así, que hoy existe una extraordinaria discapacidad emocional en miles de millones de personas, reflejado en cosas como el bullying infantil, el acoso sexual, el abuso de autoridad, el incremento de los divorcios en el mundo, la poca educación de valores familiares, la disociación del núcleo de la sociedad que es la familia, con padres que no tienen el compromiso y responsabilidad para educar y formar a niños con inteligencia emocional alta, la gente no toma compromisos y responsabilidad para evitar el esfuerzo de cumplirlos, cada vez más la comunicación es más fría e impersonal, no solo en las amistades, sino dentro de la familia misma y sin fin de problemas que han existido siempre, pero hoy en día se han incrementado y empiezan a ser crónicos ante la sociedad necesitada de valores familiares. La inteligencia emocional, su educación, su enseñanza y su crecimiento es una de las herramientas que responde a la gran necesidad y problemática que vive la sociedad, pero complementado con el tema de liderazgo, el liderazgo emocional o transformacional se vuelve la respuesta para las grandes necesidades y retos que enfrentan las empresas, el gobierno y la sociedad.

Pero el liderazgo emocional o transformacional es un camino que todos debemos tomarlo con consciencia, compromiso y completa responsabilidad de lo que hagamos y dejemos de hacer, porque los resultados son grandiosos posterior a llevar el camino hacia tu éxito a través del liderazgo emocional.

La decisión de llevar este libro a la práctica es únicamente una alternativa de tu consciencia, tomando una decisión lógica de adoptar los conceptos y ejercicios, si existe un impedimento para llevarlo a la práctica en tu vida diaria, solo es una de tantas justificaciones que tienes para evitar llegar a los resultados que mereces, aplica "un solo" concepto de este libro pero hazlo con todo el compromiso y responsabilidad que conlleva ser mejor persona, toma la oportunidad de llevar a cabo el proyecto de ser mejor tú mismo para llegar a ser líder transformacional y te aseguro que el resultado es un futuro mucho mejor de la vida que hoy tienes.

El liderazgo transformacional es un reto para cualquier persona que tenga el interés de cambiar su vida y sus resultados, pero el verdadero reto no solo es cambiar tu vida, es cambiar la vida de mucha gente, cambiar su calidad de vida, modificar sus pensamientos que impacten en la vida de sus familias y más allá de ellos, crear una sinergia de transformación, una cadena en la que líderes estemos enseñando a líderes que transformen las vidas de millones de personas y éstas cambien un pequeño pedazo de su historia, de tal forma que su legado no es dinero, educación universitaria, bienes, empresas, sino, la extraordinaria capacidad de lograr todo lo que nos propongamos, para ser felices y completamente satisfechos con lo que tenemos, hacemos y somos. Nunca te rindas para alcanzar lo propuesto, porque solo así la mediocridad habrá vencido y tú seguirás en tu zona de confort. Tú puedes, porque no tienes nada que perder y algo extraordinario que ganar: tu futuro realizado, ¿hay algo más importante en tu vida terrenal que esto?

- "El desarrollo de una habilidad requiere interés y automotivación, muchas de nuestras habilidades las tenemos, pero jamás fueron desarrolladas, busca en tu corazón y en tu mente."
- "La decisión de transformarte en una persona mejor que ayer es lo que te motiva hacia un futuro mejor y no el destino que creemos está escrito."
- "No reconocer tus Fracasos y tus errores es no reconocer que puedes ser mejor persona mañana."
- "El camino del éxito es un precio que tú vas a pagar, pero tú eres el que fijas el precio por él."
- "Cuando te decides a cambiar tus pensamientos, entonces todo será diferente."
- "Nunca te rindas en lo que te propongas, tu actitud ante los obstáculos es la verdadera herramienta que te llevará hasta tu éxito".
- "Nunca dejes de perseguir tus sueños, porque sino, nunca vas a dormir".

Consultas, dudas o comentarios:

- Correo-e personal:
jzunimon@gmail.com

- Correo-e organización:
ieparaliderazgo@gmail.com

- Síguenos en Facebook:
Inteligencia Emocional para el Liderazgo SXXI.

- Deja comentarios en Linked in:
Inteligencia emocional para el Liderazgo SXXI.

- Ventas:
palibrio.com
amazon.com y
barnesandnoble.com

Printed in the United States
By Bookmasters